TURING

图灵教育

站在巨人的肩上

Standing on the Shoulders of Giants

TURING

图灵教育

站在巨人的肩上

Standing on the Shoulders of Giants

TURING

机遇之门

以色列闪存盘之父的创业心路

[以] 多夫 · 莫兰◎著　李红霞◎译

人民邮电出版社
北　京

图书在版编目（CIP）数据

机遇之门 : 以色列闪存盘之父的创业心路 / (以) 多夫·莫兰 (Dov Moran) 著 ; 李红霞译. -- 北京 : 人民邮电出版社, 2020.4
ISBN 978-7-115-52134-7

Ⅰ. ①机… Ⅱ. ①多… ②李… Ⅲ. ①电子计算机工业—工业企业管理—经验—以色列 Ⅳ. ①F438.266

中国版本图书馆CIP数据核字(2019)第219536号

内 容 提 要

本书作者来自“创业之国”以色列，改变移动数据存储方式的 DiskOnKey 闪存盘就诞生于由他创办的公司。虽然成功没有固定的公式，但本书作者丰富的人生经历能为漫漫创业路上的行者指点迷津。本书以故事集的形式生动地展示了如何开启创业世界的机遇之门。书中内容涉及企业家精神、市场、团队、想法、困境、心态。

本书适合各个年龄段的读者阅读，因为创业没有年龄限制。

◆ 著　　[以] 多夫·莫兰
　译　　李红霞
　责任编辑　谢婷婷
　责任印制　周昇亮

◆ 人民邮电出版社出版发行　　北京市丰台区成寿寺路11号
　邮编　100164　　电子邮件　315@ptpress.com.cn
　网址　http://www.ptpress.com.cn
　三河市中晟雅豪印务有限公司印刷

◆ 开本：880×1230　1/32
　印张：8.125
　字数：226千字　　2020年4月第1版
　印数：1－3 500册　　2020年4月河北第1次印刷

著作权合同登记号　图字：01-2019-4121号

定价：59.00元

读者服务热线：(010)51095183转600　印装质量热线：(010)81055316

反盗版热线：(010)81055315

广告经营许可证：京东工商广登字 20170147 号

版权声明

机遇之门已打开

你走在创业的夜路上，我在黎明里依稀看到你的身影。

我出生于 1980 年，这是一个幸运的时间点。中国经济已经开始坐着快速列车一路开起。创业者是中国经济腾飞的重要力量，是各行各业中的创业者共同铸就了 40 年的经济传奇。14 年前，我有幸加入伟高达（Vickers Venture Partners），一家早期科技风险投资基金，并在此后以各种形式与创业者朝夕相处、荣辱与共。在遇到多夫之前，我所理解的创业者就是那些在私营经济领域中的企业家。

从特拉维夫回上海的航班长达 9 小时。我打开灯，翻开多夫送给我的书，耳边还回响着他说的话：这只是他的第一本书，谈谈创业，而他已经开始撰写第二本书了，关于人生和价值。

书读到三分之一处的时候，我已经完全沉浸在多夫幽默的文笔中，又被其看似笨拙的创业精神和藏在“笨拙”下的钢铁意志折服。在有趣的读书过程中，我时而含泪笑出了声，时而大笑着开始心酸。就在那一刻，我决定把本书分享给中国的读者，尤其是你——事业路上和生活路上的创业者。我，一个从 25 岁开始陪跑创业者 14 年的投资人，想和你笑着分享一个创业故事。

《机遇之门》的名字来自一道概率题目，本书的第 2 章有清晰和准确的描述，大体意思就是在每扇门只有 1% 的开启概率下，能在 100 扇门中推开一扇的概率。我曾亲眼见到多夫问过 WhatsApp 的创业者，也见他问过世界顶级企业家和他们能干的“二代”继承人，而这些人的回答让我大开眼界。按照作者在第 2 章的讲法，那些给出高概率的人也许更适合做销售和营销工作，那些给出低概率的人也许更适合财务和合规等。但是，只要答案高于 1%，你就有“创业者”的潜质。我自己也试着问过一些人，我们认为很有“初创闯劲儿”的那些人也可能给出一个很低的数字，而很多貌似“保守普通”的人也许给出同样让人惊讶的高数字。

所以，“创业”也许不是一件简单的事。

创业不是狭隘地注册公司，开始单干；敬意仍然要给予那些商业嗅觉敏锐并捕捉创新机会的企业家、那些带领团队坚忍创业且不畏艰难的企业领袖。但在多夫的解释下，我发现自己身边的“创业者”增多了，有些管理中层在企业最艰难的时候扛起了大旗，他们不是最早的创始人，却是企业做大的领路人（正如 Jim Collins 在他的书中所讲到的第五类经理人）；我发现一些团队里看似保守的同事思考并践行如何开创新业务；学术领域的专家学者以生命为时间轴，未知自己是否可达彼岸，仍不断努力创新；急症监护室的护士每天都在试图思考和改进方法，以应对病人的救护工作；新生儿的父母，探索着养育孩子和支持伴侣发展的新模式……

这些人也在创业，他们闪耀着创业精神的光芒。我曾经以为“大费周章”的创业，早已融入了日常生活。

1984 年，刚刚离开以色列国防军的多夫开始认真地“创业”了。9 年后，他带领公司登陆纳斯达克；又过了 7 年，他和合伙人发明了闪存盘 DiskOnKey（意即“钥匙上的闪存”），这个名字在以色列被亲切地一直沿用至今。公司终于走上迅猛增长的轨道，并最终成为以色列历史上最大的收购标的之一……

在跟随多夫一起探索创业征途前，请允许我占用一段文字，感谢武卫东先生、谢婷婷女士、杨琳女士、温雪女士、杨帆女士、岳新欣女士，以及图灵公司的其他编辑老师，感谢他们对我这个门外汉的容忍和帮助。无须赘述，如有翻译不当之处，都是本人之疏忽，还请读者斧正。

感谢我的合伙人陈诚锦博士、El Khalil Binebine 医生、季淳钧博士、陈诚丰博士，以及伟高达海内外的全体同事 14 年的支持，你们伴我成长，你们是我的家人。感谢 14 年来相濡以沫的创业者，感谢信任我的伙伴，感谢我的家人……

就此，我邀请你和我一起走进多夫的创业世界，走进以色列这个“创业国度”（多夫本人并不是很喜欢这个称呼，你可以在书中找到答案），走进犹太人的创业世界（多夫本人也并不喜欢这个说法，你也可以在书中找到答案☺）……

也许，悄悄地，我们就推开了一扇门……

李红霞

2019 年仲秋于上海嘉里中心

致谢

感谢与我共同创作本书的伙伴——伊扎尔。

感谢所有帮助我完成本书的人。是他们直抒己见，为我补偏救弊，鼓励我、督促我、阅读初稿、重写段落、补阙拾遗、为之欢笑、因之哭泣（至少他们说是这样）……在此过程中指出许多错误。

对于书中仍然遗留的错误，我提前感谢你的谅解，并期待你给出评论。

请通过以下电子邮箱与我联系：dov@grovevc.com。

献　　词

我要将本书献给我非常珍视的两个人。一个是我的祖父，他已经离世 40 多年。另一个是古里·梅尔策，他也在我写作本书的几个月之前去世了。

致我的祖父

毫无疑问，我的祖父亚伯拉罕·明茨是对我影响最大的人。（恳请故去的双亲原谅我这样说，不过我相信你们也会同意的。）他是一位极其优秀的企业家。早在第二次世界大战爆发之前，他就在波兰成为了企业家，并在那里和自己的大家庭生活在一起，包括他的 7 个孩子。他在 6 岁时失去双亲，很小就开始独自谋生。他创办了一家铸造厂、一家面粉厂、一家商业银行、一家机械配件公司和一家餐具厂……对了，他还是一位发明家。在波兰克罗斯诺的一家博物馆里，你可以看到一台水泵——那就是我的祖父发明和制造的，这一举措开创了同类水泵的先河。

此后，我的祖父来到以色列。他天性本就不屈不挠，战乱和变故让他更加坚强。他失去了妻子和 6 个儿女（幸运的是，我的父亲活了下来），也失去了孙女和外孙女（战争结束后，他试图寻找她们，并借此解救出了 17 个孩子）。他失去了很多朋友，也失去了家产和地位，甚至失去了一条腿。然而，他从未崩溃过，仅仅是改变了心态。他的企业家精神不再是“向钱看”，因为钱对他而言已经失去了价值，他更注重灵魂。而且，他真的非常享受生活，从来没有因失去的人或物抱怨或绝望过。

当祖父刚移民到以色列时，垃圾桶都是木质的，气味相当难闻。于是，他找到之前在波兰教过的一个学生，用他车间里的设备制作出了“钢青蛙”——这种垃圾桶目前在以色列还随处可见。虽然还有很多其他的趣闻轶事，不过献词还是不要过长为好。因此，我不再赘述他的这种首创精神，而是会在书中提到更多，目前则着重讲述他对我的影响。

从很小的时候开始，我就和祖父睡在一个房间里。我们住在拉马特甘市的一所两室一厅的小公寓里，客厅在晚上变成我父母的卧室，我姐姐和当时家里的许多客人挤在一个房间里，我则睡在祖父的房间里。他睡在房间一边的床上，我睡在另一边的床垫上。为什么睡床垫呢？因为我喜欢，这样可以在白天把床垫拉到阳台上。我不介意睡床垫，也不介意和祖父共用一个房间。这就是我们曾经过过的日子。

我出生时，祖父已经 70 岁了。在那些年里，祖父认为值得让我为生活做好准备。虽然他从未与我提起这件事，我们也并没有真正敞开心扉交谈过，但是在学校放假期间，我总要完成他为我布置的任务。例如，从正在拆除的房屋卸下崭新的百叶窗，然后装在我们的房子里，替换掉已经腐烂的木制百叶窗；又例如，砍掉让房客感到碍事的树。他总是让我有事可做。

今天，当我回忆往事时，可以看到他的许多点滴细节影响了我的决定和生活。本书（以及我生命中）的很多知识和经验都来自我的祖父。

我的祖父是在家里因为心脏病发作而去世的。他当时就坐在沙发上，没有感到任何痛苦。祖父去世的那天是周五，就好像是他计划好了一样——父亲正好在下班回家的路上——让我们可以在安息日之前将他的遗体搬走。我们从周日开始了为期 7 日的服丧期。第 2 个周日，也就是服丧期过后，我离家前往以色列国防军的征兵中心，开始服兵役。几年后我才意识到，祖父离开的时间与我离家的时间衔接得正好，既不是一周之后，也不是一天以前，甚至如此之巧——刚好只有我在家，我是唯一冲向他并感受到他的灵魂离开这个世界的人。

致古里・梅尔策

古里・梅尔策是以色列电子和高新技术产业的中流砥柱式人物。不过，因为他讨厌宣传和记者，而且大部分成就是在互联网时代之前取得的，所以很难找到关于他的信息。维基百科上没有关于他的词条，用谷歌搜索也几乎找不到任何内容。

古里是 Koor 集团的首席科学家。当时，Koor 集团旗下有众多工业公司，这令它成为行业的佼佼者，而不是金融家手中的棋子。古里创立了 Telrad，任 Tadiran 的首席执行官，还是 Bezeq 的董事长，等等。总体而言，他是充满智慧的人、杰出的管理者。他意志坚定，以价值为驱动力。我从他的身上学到了很多。

我遇到古里时，他刚被任命为 Tadiran 的首席执行官，这是当时以色列最大的一家电子公司。1990 年，Tadiran 的状况很糟糕，古里的任务就是把公司从财务危机中解救出来。当时，我住在纽约长岛，兼职为 Tadiran 在美国的旗舰项目提供支持，该项目是由我的公司（Moran Systems，后来演变为 M-Systems）设计的。古里亲自来到纽约，连一个助手也没有带，来看我们如何推进项目并从美国军方获得更多支持。我们就这样相遇了。我从古里那里学到，即使身居首席执行官这样的高位，有时候也必须放下身段，深入最微小的细节。

1991 年底，我回到以色列，并带领 M-Systems 取得后来的成就。1993 年，M-Systems 着手准备在纳斯达克上市，并最终募集了 400 万美元。在此之前，我偶然遇到了古里。

"你好吗？"他热情地问道。

我回答了他。

“你为什么不来 Tadiran 告诉我们你在做什么呢？我们原本会为你投资的。”

这着实令我受宠若惊。

1994 年，M-Systems 差一点就卖掉一家子公司。实际上，这家名为 EUROM 的子公司开发出了第一款用于录制和播放声音的芯片——最终演化成为 MP3 播放器。只不过，我们那时尚未意识到这个领域的广阔前景。在那个时候，M-Systems 的年销售额高达 300 万美元，而我们投资了约 50 万美元的 EUROM 还没有任何产出。正在此时，一家美国公司（ISD，即 Information Storage Devices，如今早已不复存在）愿意收购 EUROM，甚至开出了 1000 万美元的天价。然而……EUROM 的员工（更准确地说，是其首席执行官）拒绝被收购。

这位首席执行官是我聘请来的，人很不错。在管理该团队之前，他是另一家公司的工程部负责人。我们的合同规定，他拥有该公司 3% 的股权。（制定合同时没有任何律师参与，我当时真的不知道合同是什么，也不知道为什么需要请律师。）他来找我说：“我不想卖，员工们也不想卖。我们想让 EUROM 成为一家伟大的公司。”一番交谈之后我明白了，如果给他 15% 的股权，他就可以说服员工同意这笔交易。换句话说，这是敲诈，也可以说是误解（取决于个人观点）。我找古里咨询，他看到我很高兴。他告诉我，我面对的两难抉择与他和 Tadiran 工会的冲突非常相似。

他给我的信息强烈而明确：“不要屈服。永远不要。但是要继续与这位首席执行官及员工谈判。”

我问：“如果他们仍然不同意，该怎么办？”

古里回答：“没什么。你必须表现出决心。不要屈服。”

我问：“如果他们还是不同意呢？”

古里说：“好吧，最后你应该投降……”

我最终算是投降了，但那家美国公司可能感觉到 EUROM 有些不对劲，于是取消了报价（不过我认为即使我立即投降，收购也不会成功）。

1997 年，古里开始担任 M-Systems 的顾问，每季度会来公司一两次。我从他那里学到的重要教训是：一旦有了计划，就应该去执行，不管计划到底是什么。有一次，他发现我们又一次没有达到销售预期。“然而，”我和合伙人阿里耶·马吉说，“我们对新产品有一个非常棒的想法。”古里震惊地看着我们，他沉默了 3 分钟后说道：“伙计们，你们知道自己的问题是什么吗？**你们太自作聪明了！**”

我们吸取了这次教训。

2006 年，在宣布将 M-Systems 卖给闪迪公司之后，我的董事会做了一个愚蠢的决定：将首席执行官和董事长的角色区分开来。结果在收购正式完成之前，我发现急需一位董事长，而任期时间只有不到两个月。谁会愿意在两个月内承担责任如此重大的工作呢？我打电话给古里。他来了，并且尽全力帮忙。他并不是因为我们当时急需帮助才来，**而是因为我请他帮忙**。他就是这样的一个人。

祖父和古里，我希望你们已经在天堂见过面了，而且都为我感到骄傲，哪怕只有一点也好……

愿上帝保佑你们美好的回忆。

读者对象（代序）

2014 年 10 月中旬，我来到瑞士小镇翁根，在这里读书、徒步旅行、欣赏风景、写作本书。

翁根这个迷人的小镇坐落在阿尔卑斯山脉的山坡上。它快乐地悬在山峰和山谷之间，不高也不低。（你可以欣赏到壮丽的山脉，但是必须伸长脖子才能看到山峰；要看到下方的山谷，则必须垂直地看下去。）在这里，可以看到云朵在脚下缓缓飘过。虽然人们认为 10 月和 11 月是“淡季”，但大多数日子十分晴朗。云朵、山峰、山谷、田园风光，一切美不胜收。在网上搜索“翁根”看看照片吧，但是要记住，真实的景色远比照片更美丽。

当我到达附近的火车站时，Alpenruhe Kulm 酒店的老板玛丽昂开着一辆最高时速不到 10 千米/小时的小型电动车来接我。翁根小镇里几乎没有汽车，也没有一条连接小镇和高速公路的主干道。我们一边开车一边聊天。自从她的父亲在 1965 年去世以来，玛丽昂一直在经营这家酒店，已经有 50 多年了！这就是她的事业，酒店就是她的家。淡季里几乎没有住客（天气很冷，但是雪还不够厚，不足以滑雪），但她也在酒店里。即使只有一位客人入住，酒店也会开放。（起初，除了我，还有一家巴基斯坦人入住，后来就只剩我自己了。）

创办这家酒店的并不是玛丽昂。多年前，她的祖父买下了它。玛丽昂对酒店和自己的现状感到很满意。这是一家迷人的酒店，但在猫途鹰上该地区的 24 家酒店中只排在第 19 位。显然，玛丽昂从未要求她的亲朋好友和客人刷过好评，她似乎对排名并不在乎。不过，我们中的大多数人会关心自己的业务是否被评为第 19 名、第 9 名，当然最好是第 1 名，因为我们都想努力取得成功。为此，我们倡导和鼓励企业家精神。企业家精神之于成功既非必需，亦非重要。我既见过失败的企业家，也见过不能被称为企业家的成功人士。然而，企业家精神的确大大地增加了成功的机会。

毕竟，我们都希望并且应该成为自己生活中的企业家……

在此应该指出，本书不仅写给男性，也写给女性，甚至更多地是为了女性。目前，以色列乃至全世界的女性企业家都比较少。这可能是因为女性更聪明，而且她们的成功概念里没有自负……希望我们在未来能看到更多的女性企业家。

内容介绍

在本书中，我将尝试分享自己对企业家精神的一些见解。

我们每个人都有可以分享的经验。常言道："经验是智慧之母。"但我认为这是错的。很多时候，在生活中积累的诸多经验会扭曲我们对现实的看法。

尽管如此，我还是带来了自己积累的很多经验，其中大部分是通过故事来讲述的。有些人喜欢听趣闻轶事，有些人则更关注故事背后的主要问题。为了让所有忙碌之人都能轻松阅读，本书以楷体显示轶事和故事。

我声称写这本书花了 28 天，但其中的大部分故事摘自我过去 9 年来每周发给朋友和员工的"随聊"（Something）电子邮件。我用每周一次的"随聊"来叙述发生在自己身上的事情（有时甚至有寓意！），或指出一周里我遇到的值得注意之事，它也是我与志同道合之人保持联系的方式。因此，我在翁根的写作过程大部分只是选择和改编最合适的内容。

本书将提供一种企业家精神模型。虽然它的理论性很强，但是如果你深入研究，会发现它是多么切中肯綮。我建议你在踏上创业之路时构想一下该模型，它可能会带给你思维方式上的启发（希望还有一些鼓励）。

书中还有几个智力游戏，请尝试解决。这并不是为了挑战你的智力（你不需要，我知道你很聪明），但是如果在查看解决方案之前回答问题，你将对自己有新的认识——我保证。

我认为人们通常不会从头到尾地阅读管理书。我家里有大量的管理书，其中大部分带有我留下的黄色便利贴。我估计自己一般在读到 50 页左右时就放弃了。虽然我告诉自己，有一天我定会读完这些书，但在内心深处，我知道自己永远不会。所以，本书附带一份邀请——**来吧，你不必读完整本书**。你可以跳过一些章节，只读自己感兴趣的内容。不论你选择阅读哪部分，都会有所收获。

本书还包含许多关于失败、焦虑和困境的故事，目的不是让你打退堂鼓。恰恰相反，**我希望你成为企业家！**但是，一旦决定成为企业家，你就应该知道自己会面临什么。不要只是因为读到创办公司是有利可图和充满乐趣的，就去这样做。我希望你在开始这段旅程前充分了解并意识到困难所在，并且有意愿和可用的工具来应对这些困难。

采取行动、推进并做出改善——这些都是令人难以置信的壮举！

因此，本书一方面提供鼓励和希望，另一方面让你一窥导致绝望的可怕困境，还会提供各种有用的建议。不过，本书不是一本教你“如何做”的详细指南。**成功没有固定的公式。**我在书中所写的一切都是为了揭示关于“企业家精神”的谜团：**谁、什么、多少，还有最重要的“为什么”**；也是为了说服你创造价值——**无论以何种方式**。

电子书

扫描以下二维码，即可购买本书电子版。

目　　录

第 1 章

企业家和企业家精神

1.1 企业家精神

我相信企业家精神，这是我决定写它的原因。我相信企业家精神是推动世界发展的动力。

以色列是企业家精神的杰出产物（我希望有一天，这个国家奠基时的那种典型的企业家精神“模式”能恢复活力）。写作本书时，我 61 岁，并且预期寿命还很长，这要感谢许多企业家的工作使现代人更加长寿。我之所以能于午夜过后坐在翁根这家迷人的酒店里写作，是因为有人创立了这家酒店，有人“发现”了电，还有很多其他企业家让我用来写作的美妙工具得以存在——计算机，甚至 Word，后者是微软公司的优秀产品（只不过已经诞生了很多年）。

我相信，人性因企业家精神而存在。我甚至曾经虚构了以下这个关于它的故事（请证明它并不是真实的）。

1.2 第一位企业家

第一位企业家生活在智人和尼安德特人共存的时代。智人就是“现代人”，也就是像你我这样的人。尼安德特人则被称为“穴居人”。

故事发生在约 4 万年以前。

那时的生活很艰苦。这是一场无休止的生存之战。

谁生存了下来？是那些能够获得更多食物并忍受无常天气的人，更不用说克服各种各样常发的疾病了。

尼安德特人的部落人数更多，也更强大。各个部落之间彼此不合。他们争夺资源，即食物和水。如果将其看成电子游戏，你可能会把钱押在尼安德特人身上。

有一天，一个智人捕获了一匹狼，但是他没有立刻吃掉它，而是决定把它圈在山洞中，以备不时之需。他之所以这样做，是因为那天他已经幸运地捕获到了另一只动物。智人用一些猎物喂狼，好让它活下来。第二天，智人仍然没有杀掉狼，而是再次给它喂了一些肉。狼与智人对望，它有点困惑，而且开始喜欢上了这种监禁它的生物。狼没有试图咬他的手或逃跑，而是舔了舔这个生物的手。过了几天，智人发现自己可以和狼一起玩耍了，而狼也并没有趁机逃跑。毕竟，狼过得相当不错。食物充足、欢乐无限，它无须付出努力，更不用说还有躲避天敌和抵御寒冷的庇护所。

整个部落都在嘲笑智人，拿他打趣。有些人想杀死狼，但是他极力维护自己的宠物。其他人提出了各种反对喂养狼的论点，有些甚至很理性："这种做法不可取""你不应该这样做""没有人这样做过"。另一个非常有力的论点是"我们很饿"。不过智人特别执着，不愿放弃。

有一天，智人去打猎时把"狼狗"带在了身边。"狼狗"了解它的同伴想要什么，于是它利用敏锐的嗅觉、迅猛的速度和有力的尖牙来帮助他。这时，智人意识到他中了大奖。

当看到这种捕杀猎物的方式之后，其他部落成员开始模仿。他们不再杀死狼群，而是将它们困住并驯化，用于狩猎。他们还制造了比尼安德特人所用的更精巧的狩猎工具，例如可以从远处投掷的长矛，避免冒险与猎物近距离接触。尼安德特人并不需要这些工具，因为一个典型的尼安德特人可以徒手与熊搏斗，并赢得胜利。

然而有一天，一座大型火山爆发，也可能是一颗陨石撞击地球，造成了威力巨大的爆炸。天空被厚厚的尘埃遮蔽，只有一点点阳光可以穿透这层尘埃，地球被极其强烈的寒意所笼罩。大部分植被、以植被为食的动物、

以这些动物为食的动物，以及尼安德特人和智人都几乎因此而消亡。几乎人人都成为了这场自然灾害的牺牲品。谁幸存下来了呢？是那些小而敏捷、不需要大量食物的人，那些有更好工具的人，那些学会与其他物种共生的人，就像那个有狼帮助自己的人。尼安德特人或许强大而独立，但在没有精巧工具的情况下，他们都被淘汰了。

幸存下来的少数智人就是我们的早期祖先。

向第一位企业家致敬。

为了准确起见（关于第一位企业家的身份，总是有很多争论），人们也可能声称第一位企业家实际上是以下之一：

- 发明轮子的人；
- 我们犹太人的祖先亚伯拉罕；
- 意识到在夏天穿“衣服”是一件好事，并且促使盖璞、阿玛尼、拉夫劳伦等品牌蓬勃发展的人…… ☺

1.3 企业家精神甚至是指与主管分享故事

我把关于第一位企业家的故事发给了朋友，其中一人问我是否可以把它转发给他的老板。他那时在以色列最大的一家公司工作。我说：“当然可以，但是你为什么认为这与老板有关呢？”作为回答，他引用了故事中的这一段：

谁幸存下来了呢？是那些小而敏捷、不需要大量食物的人，那些有更好工具的人，那些学会与其他物种共生的人，就像那个有狼帮助自己的人。尼安德特人或许强大而独立，但在没有精巧工具的情况下，他们都被淘汰了。

结果，他被解雇了。☺

不过一切都是最好的安排。他后来去了更好的地方，并在那里做得风生水起。真为他感到高兴！

表面上，我的这个拥有企业家精神或者说主动出击（将故事发送给他的老板）的朋友是失败的。然而，正如我们将在本书中发现的那样，失败的企业家精神有时会带来新的收获。

1.4　高新技术企业家精神

企业家精神有很多种。有人可能会说，即使在早上睁开眼睛起床也是一种企业家精神。

与此相对，企业家也有很多种。有房地产企业家和政治企业家（我们还可以使用更多诸如此类的说法），还有宗教企业家和社会企业家（以及介于二者之间的企业家）。不过，本书致力于描述高新技术企业家精神。为什么？因为这是我所知道的，也是我所经历的。我既不是艺术界的企业家（我把这个称号留给了我的女儿），也不是地理企业家或政治企业家。

人们说，对于要做点什么，现在是一个空前时代。我不会用“现在是创办公司或高新技术企业的最佳时机”这样的话来误导你。显然，创办硬件公司和软件公司的最佳时机是在多年以前。那时候，一切都是新鲜的，连资历不深的计算机技术人员也可以找到刚入行的工程师并说服他设计出之后大卖的电路（这个技术人员名叫**史蒂夫·乔布斯**），名叫**比尔·盖茨**的大学辍学生可以把他的朋友聚在一起并说服他们创办一家名字古怪的公司——微软。

不管对于哪种情况，那都是创办高新技术公司的美好时光。曾经，高新技术只与通信或计算机有关。如今，高新技术领域包含众多子领域。在一些子领域里，我们就像 40 多年前自己创办公司的乔布斯和盖茨。

1.5 高新技术企业家精神不只关乎创办公司

最能体现高新技术企业家精神的时刻并不是公司成立之时，意识到这一点很重要。创办一家公司非常简单：找一位律师，给他 1000 美元，你就有了一家注册公司；它有一位首席执行官（你）、一位杰出的董事长（也是你）和一个董事会（这……还是你）。让公司走向成功并坚持下去要困难得多，需要找到合作伙伴、有想法、筹集资金、制造、营销、销售，等等。

每个阶段都需要一定程度的企业家精神。以高新技术为例，在当今竞争激烈的市场中，总会有人制造出更便宜的产品、开发出速度更快的软件，或者创造出更好的用户体验（应用程序的“外观”以及与用户交互的方式）。因此，如果没有坚持不懈的企业家精神，获得成功的概率就会大大降低。不要误会我的意思：成功的概率本来就很低。

不论在哪个阶段，你都需要积极进取、有事业心：从更改产品到联系潜在合作伙伴，从拜访一个拒绝与销售人员见面的大客户到进入一直以来都被忽略的新市场，等等。

即使你不打算创办公司（这当然是非常合理的），我也希望本书能够促使或激励你在工作场所积极地做出新的举措和决定，试着跳出思维局限来向管理层贡献新的想法。这是很不容易的，而且正如我朋友的故事所证明的那样，这有时甚至充满风险，但值得去做。

1.6　企业家精神是与生俱来的吗

任何人都可以成为企业家。这与个人选择有关。不过，选择并不仅仅意味着说“我想……”，还意味着做一些事情来实现它。

有些人是天生的企业家，有些则活到后半生才发现自己身上的这一品质，还有些人永远都对此毫无觉察，这都是完全没有问题的。

总体来说，以色列人本质上就是企业家。外国记者总是对以色列的创业景象表示惊奇，他们总是问：“这是从何而来的？那是如何发生的？”

举一个典型的例子。一位记者提出这样的问题：“企业家精神是否是犹太人特有的品质？”

我回答说：“是的，你也拥有一丝企业家精神。”

“怎么会？”他问。

我继续答道：“大屠杀试图毁灭犹太人。哪些人幸存了下来？是那些企业家或企业家的孩子。是那些在关键时刻从火车上跳下来的人。是那些没有上火车，逃到森林里的人。是那些意识到厄运即将来临，并且离开家园、抛弃财产，甚至与家人和亲戚们分别，及时搬到一个安全国家的人。这是自然选择的原则。战争摧毁了那些不那么有进取心的人，而更有进取心的人来到这里并生下了我们（或我们父母的父母）。”

这位记者一定不喜欢我的解释，但这是事实。

然而，不仅仅是“毁灭机器”驱动的自然选择使犹太人拥有了企业家精神。对于一个被迫流浪了 2000 年的民族[①]，以及一个总是被迫躲藏、勉强维持生计的民族[②]，世世代代的流浪让我们从骨子里渴望创新、发明、积极进取。

---

① 如今，“对旅行的需求”已经成为以色列人基因组成中的一部分：几乎所有在以色列国防军服过役的人都当过背包客。

② 曾经很长一段时间，犹太人被禁止拥有土地或自由离开犹太人居住区。

1.7 企业家精神是否有年龄限制

没有。

可以毫不含糊地说：没有。

下面是一个关于低龄创业的例子。

我在一次会议上遇到了伊多·吉诺。这是一场为年轻企业家举办的比赛。这名 16 岁少年的自信和专业演示令我惊叹，同样令我惊叹的还有他的原创想法：一款用于手机的电子钱包，专为没有信用卡的青少年设计，以便父母控制其开支。

我和伊多在比赛结束后见了面，这让我更加喜欢他的创意。伊多在高中和以色列理工学院[①]学习期间开发出了这款应用程序，我猜他当时还有一个女朋友。我决定投资他的公司，以资助他扩展团队。然后，我帮他联系到以色列一家大银行的董事长。董事长很兴奋，但他的员工泼了他一盆冷水："我们这么一家体面的银行怎么能用孩子写的应用程序呢？"虽然这很残酷，但是伊多并没有沮丧或绝望。如果不能将应用程序卖给以色列的银行，那么如何将其卖给一家国际银行呢？

尽管面前是一堵墙，但是应该能找到一扇敞开的门。伊多放弃了吗？是，也不是。他改变方向，选择了另一个目标。编写应用程序时，他意识到与其他应用程序的接口问题对程序员来说是个沉重的负担。伊多将公司更名为 Rapid API，并与他的团队一起为许多应用程序和功能开发了统一的接口。"许多"到底是多少呢？截至 2016 年，已经超过了 1000 个。接口对程序员来说很直观，对用户也非常友好。他将 10 名员工留在以色列，独自前往美国，并被旧金山著名的 500 Startups 孵化器所接纳。后来，他开始收取使用该软件的费用，和大型开发公司签订合同，与风险投资基金

① 他通过名为以色列开放大学的远程学习组织，参加了这所以色列顶级技术大学的一些课程。

进行谈判，并最终以高于我初始投资额 30 倍的价格获得了硅谷最大、最著名的一家基金的投资。

做成这笔交易时，伊多才 18 岁零 3 个月！我毫不怀疑，他将在人生道路上取得巨大的成功。

下面是一个关于高龄创业的例子。

写作本书时，我已经 61 岁了，而我此刻正在创建一个基金。基金往往持续多年，这是我在未来至少十几年里要做的事。我的目标和梦想是创立能在未来持续运作的优秀基金。

我为什么要这样做呢？

这是因为，我认为以色列应该拥有对深度技术和处于创业初期的企业家进行投资的基金，这样就可以帮助他们发展、成长，并有望建成大型公司。在我看来，以色列目前缺乏这种基金：资金量充足，并且有企业家的成功经验，看到困难所在、知道如何成长——能真正帮助所投资的公司。

我做这件事也是出于一个非常自私的原因：我喜欢眼中闪耀着光芒的创业者，他们有能够推动我们与时俱进的创新技术，以及创造新事物的惊人想法和热情。

与此同时，我还希望该基金取得成功并且对我的朋友和投资人有益，当然也对我有益。不过，最主要的还是对我们即将投资的公司有益。

我要趁这个机会谈谈我的父亲。

我的父亲巴鲁赫出生在波兰，是 7 个孩子（加上一个被收养的姐姐）中最小的一个。父亲小时候，家庭比较富裕。我的祖父经常出差在外，当他回到家时，一家人会聚在桌子周围。在我的祖父进入房间时，没有人会说话或者碰勺子，直到他第一个拿起汤匙喝汤。这就是我们的家规。

在战争期间，祖父母带着我的父亲逃往苏联。当他们在战后返回波兰时，却发现留下的家人都已经遇难。后来，我的父亲因为走私武器和帮助他人非法移民付出了沉重的代价：波兰秘密警察发现他之后，他被监禁并失踪了。我的祖母以泪洗面了一个月，在父亲得知自己被判叛国罪并可能会被判处死刑的当天，她郁郁而终[①]。一年之后，祖父设法将父亲从监狱里救了出来。在这段时间里，父亲的体重掉了一半。一家人立刻搬到了以色列，父亲在政府为新移民于卢德镇附近设立的临时安置点（最初他们住在帐篷里）遇到了我的母亲比娜。

到以色列之后，父亲谋得一份私家车修理工的工作，并在多年后开办了自己的汽车维修店。他工作很努力，没有雇用任何员工。他在不同的阶段有过两个合伙人，并持续合作了很多年。一个是阿拉伯人，来自特拉维夫北边的一个阿拉伯村落；另一个是犹太摩洛哥裔（也许是他让我爱上了辛辣食物），人很热情。父亲教会我接受他人，并忠于自己的合伙人。

在暑假里，我会花一些时间做祖父为我布置的临时工作，其余的时间在父亲的店里帮忙。我了解到，必须努力工作才能赚到钱。我的父亲非常诚实，几近天真。他坚持适度定价，并且永远无法理解为什么有人收取那么多钱。他告诉我，钱不是最重要的。

父亲快 70 岁时，在汽车维修店工作变得十分困难，所以父亲关了店，把工具分发给朋友，转而去银行做各种文书工作。他热爱这项工作，并且非常敬业，但当他年届 74 岁时，由于年事已高，银行再也无法雇用他了。他们为父亲举办了一场欢送会，而他噙着泪水回到了家。几天后，我充满智慧的母亲比娜[②]说："他不能坐在家里无所事事。"我建议他早晨开车送我上班，从卡法萨巴村到我在拉马特哈查亚尔的办公室，位于特拉维夫北郊。由于已经到了我的公司，因此他又做起各种邮件递送和归档的差事，这些在公司成长期成了他的常规职责。

---

① 实际上祖母并不知道这件事……我的父亲出狱后对比日期才发现了这个巧合。

② 人如其名——"比娜"（Bina）在希伯来语中是"智慧"的意思。

在 M-Systems 搬到卡法萨巴之后，父亲继续努力工作。我记得问过他："爸，您为什么坚持这么辛苦地工作？"他回答说："在汽车维修店搬运发动机是辛苦的工作。在装着空调的办公室工作？这很轻松。"2006 年底，M-Systems 被闪迪公司收购。有人离开了，有人被取代了，还有人搬到了美国，甚至连我也不在那里了。只有我的父亲还在他的办公室里工作。他会在 8 点钟上班，不停地工作，然后在 4 点钟下班。

就这样，他为闪迪公司工作到了 90 岁。有一天，他去医院接受健康检查。主治医生告诉我和姐姐，父亲被诊断患有结肠癌，"但他可以活到 120 岁"。我们让医生不要告诉父亲，她同意了。我又请求医生去做一件事：帮我说服父亲别再开车了。我告诉医生："我会叫一辆出租车来接他。"父亲并不答应，但是与主治医生达成了一个协议：他只在白天开车。听说周日能够重返工作岗位，他非常高兴。两个小时后，他就在医院过世了。当时，他刚上完卫生间，提起裤子，双手紧紧地抓着水槽站在那里。

似乎最坚强的树木枯萎后仍然屹立不倒。如果说我的父亲能在 90 岁高龄仍然坚持工作，以色列前总统西蒙·佩雷斯能在 93 岁去世之前依然保持活跃，那么我也打算继续工作，为社会贡献自己的一份力量，直到生命的终点。

因此，我在 61 岁时通过名为 Grove Ventures 的风险投资基金再次成为了企业家。我正踏上一段新的旅程，并会一路学习、教授，将我积累的知识和经验传递给合作伙伴和我们投资的公司。我很激动，这将非常有趣。你可以在任何年龄段成为企业家。永远不要放弃！

1.8　"等等，你确定企业家不是天才吗？"

答案是：我十分确定。

一个事实可以证明这一点：我就是企业家。

下面讲一个关于我的故事，用来说明我不是天才，而是企业家。

我在特拉维夫附近的奥赫勒谢姆市读高三[①]时，几名主修数学和物理学的学生被选中参加特拉维夫大学的培优课程。我和3个同班同学，以及另一个班的两个高三学生，外加一个高二学生一起被选中了。有几门课程可供选择，但每个人都想学习计算机，我也是。计算机班的规模很小，只有30个人可以就读。我们学校只有两名学生被录取了——我[②]和那个真正有天赋的高二学生。

第一节课开始了。老师是一位天才博士生。好吧，至少他在数学上是天才，但对如何当老师毫无头绪。他一定以为我们之所以坐在教室里，是因为我们懂计算机。因此，他仅用10分钟向我们大致介绍了计算机。（这是在个人计算机时代之前！）在接下来的20分钟里，他向我们介绍了FORTRAN（当时最流行的编程语言），并利用剩下的时间向我们展示了使用他编写的软件对欧几里得几何矩阵做乘法的解决方案——他很快就在黑板上写完了，但是既没有解释问题，也没有说明他在写什么，以及为什么要写。

我记得在课上的最后一小时里，他甚至没有把头转向我们，一次也没有。

上第2节课时，学生人数减少到15。到第3节课时，只剩下了10个人。这个数字一直保持到了年底。在这10个人中，有8个是天才。后来在以色列理工学院，我发现他们的平均成绩都在90分以上。显然，他们在魏茨曼科学研究所学习了夏季计算机课程。除了我之外，唯一没有任何预备知识的人是一个名叫纳玛的可爱女孩。她和我都不知道老师在讲什么。然而，我们听完了所有课程。为什么？好吧，我去是因为见到她很开心。至于她，我不知道她为什么一直来。我们一起坐在教室后面，解决各

① 原文是senior，即12年级，对应中国的高三。——译者注
② 我不知道为什么自己会被录取。我并不擅长计算机，甚至没有接受测验。

种思考题（如骑士周游问题），而对老师视若无睹。

对了，还有运行软件的事。

我们从老师那里买了一盒卡片，图 1-1 是其中的一张。

图 1-1　穿孔卡片

然而，此卡片是预穿孔的。在整个课程中，我们没有机会使用卡片穿孔机（这种机器看起来像打字机，但它的输出是穿孔卡片）。在课堂上，我们用黑色铅笔在卡片上标记孔的位置。假设要执行命令 `if A=3 then`，必须将 `i` 转换为 01001001，将 `f` 转换为 01000110，依此类推，然后将相应的黑色矩形涂黑。这是一项劳心费神的工作。

我努力编写的第一个程序是：计算机接收两个数，将它们相加，然后打印出总和。真棒！

听起来很简单，不是吗？

但事实并非如此。我们必须编写程序，将其翻译成二进制代码（0 和 1），在卡片上作标记并将卡片交给老师，他会检查并在下一节课发下来。第一次尝试时，我在卡片的第 2 列标记了所有命令，结果计算机忽略了第 1 列为空的卡片。当然，我在第 2 周发现了这一点——当时我将卡片与计算机的输出一起取回时，发现输出是空的。

第 3 周，我在第 1 列中正确标记命令，并提交了程序。第 4 周，我拿到了计算机打印的输出。糟糕，我在顶部标记了最高有效位，在底部标记了最后一个数字，这是错误的做法。计算机将命令 `if A=3 then` 读成了 CMbWxmpqa6a，自然也就没能得到正确结果。

后来又发生了很多这样的事。

直到期中，我的程序才运行起来，甚至奇迹般地打印出 `A=3 B=2 A+B=5`。哇！这应该归功于我们学校那个有天赋的孩子，他会解释我错在哪里，以及我必须做些什么才能让程序真正运行（例如将卡片上的数据放在最后）。

如果我没有记错，在我的程序最终运行起来的时候，其他学生已经写出了模拟红绿灯的程序，有些还解决了如何求解三阶抛物型方程的第 5 个根。

期末考试时长两个小时，包含两个问题。

第 1 个问题是：使用程序来解决一个超高水平的二元多项式乘以一个包含随时间推移而增大的非实变量阵列的矩阵。我完全不明白那是什么意思，也不确定有人明白。也许老师自己也不明白，只是希望班里有天才能解决他的论文公式。

第 2 个问题很“简单”（至少易于理解）：编写一个程序，找出八皇后问题的所有解（多年后在以色列理工学院，我发现这是为大四学生布置的最终项目作业）。不过在参加考试时，我们只有一个小时的解答时间。

我甚至不知道从何处着手。

于是，我开始乱涂乱写，就像下面这样：

```
从 1 到 8 执行 Chess_row_Cross_line

从 1 到 8 执行 Chess_column_Cross_line
```

```
如果Chess_row_Cross_line 不等于Chess_column_Cross_line，则
Chess_cell(i)为真
```

看起来很有说服力，不是吗？但是这些字没有任何意义……它们只是我随便写的（是现在写的，就像我当时所做的那样）。

我还定义了一个名为 Check_if_the_same 的过程，并写道："我没有时间尝试它，但你需要转 3/4 圈并进行比较。"挺简单的，不是吗？让老师自己去解决吧。在我的记忆中，我是最后交卷的。考场外，天才们正在争论如何解决非实变量：是作为向量因子还是布尔组。纳玛听后都快哭了。"那是什么？"她问，"是某种折磨手段吗？"

几周后举行了毕业典礼，并颁发了杰出成就奖。我之所以参加，是因为想看到纳玛，并得到她的电话号码。（差不多是时候了，对吧？）但她并没有露面。

礼堂里坐满了学生。我坐在后排，希望纳玛能出现。我的注意力全集中在门上。老师们正在为数学、物理学、生物学、天体物理学颁发奖项，然后就轮到了计算机科学。只有一个奖项，而且我的名字被叫到了。

我该怎么办？我根本就不配得到这个奖项啊！我呆呆地坐在那里，只听见颁奖人重复叫了我的名字。我那神童般的高中同学坐在我前面。他转过身对我说："快去，他们在叫你的名字。"

我走上领奖台，接过他们赠送的作为奖品的书。

我不配。

在回家的路上，我和神童坐上了同一班公共汽车。我对他说道："看，这是你应得的奖品。""绝对不是，"他说，"这是你应得的，因为你开始上课的时候什么都不知道。"

其实，我到最后也什么都不知道，但我忍住没告诉他。

也许，企业家精神有时意味着敢于在考试时胡写一通，即使你并不知道自己在写什么。

另一个有进取心的想法是：我很想找到那个神童和纳玛。我把这件轶事放在书中，是希望他们可以看到。即使是收到他们中的任何一个人发的一封电子邮件也好。我想知道他们现在过得怎样。

1.9 时间如何改变企业家精神

从我在翁根酒店房间里看到的景色每天、每时、每刻都在变化。

大多数日子是晴朗的，其他时候会下雨甚至下雪。在晴朗的日子里，太阳让山谷的不同区域沐浴在浅色调中，瀑布闪着银光。当阳光离开山间时，根本看不到瀑布。

如果与酒店老板玛丽昂讨论这些景象，她可能无法指出这些微不足道的变化。自出生以来，她每天都在看这种风景，我相信她对这些细微的变化早已习以为常。

在企业家的世界里，一切都在定期地变化——每年一次，有时甚至每月一次。趋势、热门市场、有趣的产品、投资者及其投资类型、开发时间和成本，一切都在变化。例如，计算机现在并不是什么稀罕玩意儿，很多人可以用几天（或几周）的工资购买一台计算机。但是，曾经的情况大不相同。

那是 30 多年以前，1981 年。

我在海军服役，是通信部的工程师。那时，我和希莉特刚刚结婚。我的月工资在 600 美元左右（这就是当时以色列国防军给尉官的工资）。当时，我被派往美国执行从 Watkins-Johnson 公司接收新系统的任务，以便我们可以在以色列进行维护（不过，我们最后将软件从头到尾修改了一遍）。我会在马里兰州待 3 个月。

在那里，我读到了 *Byte* 杂志（*Byte* 曾经是计算机世界的唯一信息来源），并且见到了一台新的便携式计算机：Osborne。

“便携式”的含义是什么呢？这台计算机被装在一个小手提箱里。它的重量只有 12 千克，装有 64KB 内存的 Z80 处理器、两个 90KB 的软盘驱动器和一个能显示 16 行（每行 52 个字符）的微型显示器（5 英寸，约 12.7 厘米）。你可以将屏幕当作窗口“移动”。价格也相当便宜，只要 1800 美元。

常识：当时我们常说 KB，即千字节，这听起来很多。但是 KB 约为千分之一 MB、百万分之一 GB 和十亿分之一 TB。后来，我给女儿买了 1TB 硬盘（1 太字节！），她却抱怨说容量太小了。

我很兴奋。便携式计算机？我可以随身携带？（要说清楚：“便携式”并不意味着它有电池。它仍然需要插上电源才能工作……）

我和战友罗尼·科尔尼茨决定购买计算机，并成为 Osborne 在以色列的代理商（罗尼后来成了我的商业伙伴）。

在当时没有电子邮件甚至没有传真的情况下，要怎么做呢？我们给那家公司写了一封信，但没有收到回信。接下来要做什么？我们直接上门了。

因为我们住在东海岸的马里兰州，而那家公司在西海岸加利福尼亚州的奥克兰，所以希莉特和我决定，做完 Watkins-Johnson 的项目之后，去休 12 天的假期。我们买到前往加利福尼亚州的剩票，价格为 100 美元，然后乘飞机去了。我们去了洛杉矶的弗列达姑姑家，她体贴地为我们租了一辆车。我们游览了洛杉矶周边，然后前往拉斯维加斯、锡安国家公园、蒙特雷、旧金山，并慢慢接近奥克兰。

这一天，我们终于到了该公司的大门前。警卫问我们来找谁。我告诉他我们来自以色列，希望在以色列做该公司的代理商。他匪夷所思地看着我们，并呼叫了管理层。几分钟后，一位穿着得体的年轻女士出现了，她自我介绍说是海外销售经理的秘书。我们把自己的请求又向她说了一遍。她说没有问题，只是需要填写一些表格——她甚至为我们准备好了表格。还有一件事，我勇敢地说，我们想买一台计算机，并礼貌地问她是否会卖给我们。如果不是出于美国礼仪，她当时一定会把我们踢出门。但她只是说——声音像冰一样冷——我们可以在指定的电子零售商那里买，说罢就消失了。后来，我们找到了一家计算机商店，买到了这件“宝贝”，花光了3个月任职期间积攒的所有零花钱。这是多么刺激啊！

不过，我们随后不得不把这台计算机运到以色列。此时，纳税成了问题。计算机的关税为40%，如果试图走私被抓到，税将翻倍。但是我们没有钱，就这么简单。

怎么办呢？我们把计算机拆了，把部件藏在脏衣服里，再把脏衣服塞进硬塑料盒里，然后通过包裹将它寄到了以色列。在特拉维夫机场，我们顺利地过了海关。（顺便说一句，我不建议偷运任何东西过海关。企业家精神也有所不为。）

一个月后，我们的包裹到了。按照惯例，我们必须去海法的海关办公室办理清关手续。我以为去那里只是签一张纸，然后就能拿到我的东西，但海关的工作人员让我打开盒子。我照做了，但很担心。计算机的外壳立刻露了出来。

“这是什么？”工作人员问道。

我回答道：“只是一个塑料盒，这样我的东西就不会被压碎。”

他狐疑地看着我。我知道他在想什么："嘿，这明明是一台计算机，你在逗我吗？"

他说："打开盒子。"我照做了。里面是我们的脏衣服，你可以想象这些衣服被密封在塑料盒中几周后散发的气味。这位工作人员连忙说道："关上它，快关上。"我想他明白我做了什么，但真的希望我尽快离开那里。

我和罗尼一起重新组装了这台计算机，并且让它奇迹般地启动了。我们迅速安装了希伯来语的语言包并开始编写程序，同时等待成为 Osborne 官方授权的代理商。

终于，信来了，但我们发现 Osborne 选择了另外的代理商：约西 · 瓦迪。

我并没有放弃，而是去拜访了当时住在耶路撒冷的约西。他很高兴我们已经在计算机上安装了希伯来语，并建议我们开发一款簿记应用程序。如果我没记错，我们做到了，约西甚至卖出了几份（不是很多……当然不到 10 份）。我很确定他没有付钱给我们，但我并没有抱怨：那时候，我们——包括约西——都身无分文。

许多年后，我问约西："你是怎么赢过我们得到 Osborne 的授权的？"

"这很简单，"他说，"大约有 10 家公司找到他们，想成为他们在以色列的代理商。每个人都说自己想买一台计算机。我是唯一承诺订购两台的人……"

Osborne 于 1983 年申请破产，之后销声匿迹。该公司的时运不佳（其产品的外观与著名的 IBM PC 太接近），而且软件执行简直是灾难。创始人亚当·奥斯本过早地公布了新机型——当时还没有做好进入市场的准备——这导致旧机型的订单中断，进而导致公司无法创造足够的现金流，也就无法在新机型上取得进展。这让公司陷入了财务困境，并最终破产。

此后，这种商业行为被称为“奥斯本效应”。

与此同时，身处中东的我和约西成了朋友。

约西算得上是出色的企业家——他冒了很大的风险，包括订购两台计算机以及聘请我们为他开发簿记应用程序……我们很爱他！

我确信，作为 Osborne 在以色列的推销员，约西并没有取得很大的成功，但他没有灰心丧气。最终，他拥有了可爱的孩子，并通过 ICQ 取得了非常惊人的成功，从而成为了世界上最伟大的互联网大师之一（以及有趣的讲师和出色的会议组织者）。

亚当·奥斯本是一位有天赋的企业家，他有伟大的理念和对市场的准确预感（他意识到计算机不仅仅是“怪杰”用的），但他太轻率、太冲动了，并且承担了不必要的风险（他没有筹集到应该能筹到的钱）。只是由于一个愚蠢、过早的公告（一个错误造成的痛苦如此之大……），他彻底失败了。当然，除此之外，还有运气因素：他发布产品的时间非常接近 IBM PC 推出的时间，这令他的公司一蹶不振。

结论：绝对不要赶在 IBM 前一年推出个人计算机……

我希望你在读完本章时不要忘记这条规则。

如今，创立公司的方式不再像亚当·奥斯本当初的那样。计算机几乎是每个人都拥有的东西，企业家精神并不意味着从美国走私计算机或编写簿记应用程序。

不仅仅是 30 多年前的事物，就连在去年还对公司十分重要的事物，现在可能也已经无关紧要了。

1.10　熟能生巧

Osborne 的经历对我和罗尼很有帮助。我们用计算机练习编写软件。作为“实践”的一部分，我们开发了自己的首款软件产品（这是一款应用程序，而不是委托项目）。下面就是故事经过。

那时，个人计算机时代还未到来。没有企业或个人使用计算机，只有大学和数据处理公司（它们当时的名字就是这样）有几台超级计算机，还有一些在医院或科研院所。简而言之，无处模仿，也无处借鉴。在没有“潜在客户”的情况下，我们决定开发一款在 Osborne 上使用的办公软件。我和罗尼划分了任务，并编写了一个程序，功能包括输入处理、待办事项列表、联系人列表、日历，等等。

打了一个小广告之后，我们为该软件找到了一位客户。这位客户就是已故的拉比沙克[①]。他有一位忠诚的助手名叫耶海兹克尔 · 阿沙耶克，是一位善良且有耐心的人（在拉比去世之前，他一直是拉比的助手）。看到广告后，阿沙耶克买了一台 Osborne，并且来找我们购买软件。当时，该软件还没有经过深度质量测试，有时会停止运行，有时所有辛苦输入的数据会突然消失。因此，阿沙耶克每隔几周就会驾驶拉比的凯迪拉克来到我们这里，让我们修理他的计算机或添加功能。据我们所知，他和拉比多年来一直在使用该软件。

后来，我和罗尼（主要是罗尼）相继开发了一款簿记应用程序、一款面向视障人士的软件、一个应用程序生成器，等等。我们从 Osborne 升级到个人计算机，这是一个大的进步。我们还为客户开发硬件，因为我们无法真正相信人们会购买软件……而且我们一直有梦想。我们努力工作，同时怀抱梦想。

企业家如今的生活是如此不同。更容易了吗？是的，也不是。**今天，**

---

① 一位出生于立陶宛的犹太拉比。他和计算机的联系或许比你想象的更紧密。

成为高新技术企业家更容易，成为成功的高新技术企业家却更困难。过去，我们对企业家精神毫无意识，而今天，我们很容易陷进去。每个人都知道基本的行话：创业公司、退出、如何做，以及为什么要做。但如今，一旦开始创业，你在任何领域都会面临很大的竞争。此外，虽然过去的兴趣点或可能性很少，但如果你够大胆，是很有可能获得一些成功的。**今天，“退出”的潜力很大，这种潜力确实已经使一小部分人受益。**

1.11 先驱者的企业家精神

为了全面，我真的应该提到另一种企业家精神：那些离开欧洲并前往美洲的人，他们离开家人、传统、社会，去开创“勇士之地”。（只是他们当时并不知道这一点……）

我想提的还有在 20 世纪初或第二次世界大战之前来到以色列的先驱者。你有没有想过那有多么疯狂？要离开学校或工作，离开有条不紊的生活，离开家人，而那时家人之间的关系十分亲密。（我的父亲告诉我们，在他出生的房子里，住着他的曾祖母、祖母、父母，当然还有他们兄弟姐妹外加被收养的姐姐弗列达。他是在后来才发现她是被收养的。）

想象一下，离开自己的文化和语言环境，前往中东的那个遥远的角落——以色列。

在这里，农业生产异常困难，主要是由于他们缺乏知识和经验。沼泽、干旱、疟疾、骚乱。尽管如此，与在第二次世界大战期间留在欧洲的人相比，来到这里的人更明智。

在纳粹德国入侵波兰的几个月之前，我的祖父把家人聚在一起，说不得不卖掉家产。他告诉大家："我们要去以色列。"一切都乱套了。他的孩子们几乎都结婚了，而且大多数有了小孩。他的女婿和儿媳妇们过得很舒服，因为我的祖父十分照顾他们：他把餐具厂给了一家，把面粉厂给了另一家。"我们应该抛下一切，到那个炎热的地方去吗？"有些人决定不去。他们有充分的理由：孩子们太小了。亲家们也不能走，或者不想走。最后，祖母告诉祖父："我们不会去。我们不会让这个家庭四分五裂。"社区拉比支持她的主张。最终，他们没有来以色列。不到一年，第二次世界大战爆发，纳粹德国入侵波兰。其余的故事就能从历史书中看到了。

我们天生倾向于保持现状。但是，多亏了企业家们，我们的世界正向前迈进。他们有时为人类做出了卓越贡献，有时则"只是"拯救了自己的家庭。

我的祖父实际上就是企业家。他通常知道应该做些什么，但家庭或其他考虑因素有时会占上风，眼前的事有时胜过未来的事。这是一个错误吗？也许是。我有什么资格评价呢？

1.12　企业家精神不只关乎金钱

如上所述，我的祖父是真正的企业家。他在 6 岁时失去双亲，之后，他和他的弟弟被亲戚收养。这可能对他作为企业家的性格产生了很大的影响。祖父从小就专注于金属加工。在 20 世纪初，这是一个富有创新性的职业。由于波兰对金属制造工的需求不大，他前往奥地利当学徒，随后成为技术工，并回到了家乡克罗斯诺。他和我出身富庶的祖母结了婚，并在家里的地下室开办了一家铸造厂：这是他的第一家金属加工厂。我的祖母、曾祖母和其他家庭成员要踩下踏板并转动一个巨大的轮子来驱动车床。他们说祖父会用德语催促“快点儿，快点儿”，直到有了电力，他们才免于用腿做这些苦力……

正如我在献词中所写的，回到波兰后，我的祖父发明了一种水泵，这是同类水泵中的第一台（我从来没有查证过它是哪种“第一”，但不论如何，我都感到非常自豪）。在第二次世界大战期间，这项发明救了他的命。我有幸在他的家乡克罗斯诺的一家博物馆里看到了这台水泵，还有一张镶在镜框里的证书，上面写着，亚伯拉罕·明茨发明了它。他于 1913 年发明了这种水泵，那时他才 26 岁。

然后，他扩大了金属加工业务。

祖父创办了一家百货公司，销售各种机械产品，由我的祖母管理。我记得父亲告诉过我，他小时候在祖父母的商店里爬上一堆轮胎并几乎被埋在下面，差一点丧命。幸好他在窒息之前就被拉了出来。

我的祖父还获得了在波兰的该地区销售电机的独家许可。

他创办了一家银行，并且担任董事。

他买了一家大型面粉厂，然后售出。

他前往意大利，从那里带回知识和工程师来建造餐具厂（由他的一个女婿——我从未谋面的叔叔管理）。我父亲记得，每个人都对餐具印象深刻，因为它们看起来很贵。这要归功于一台抛光机，它用刷子抛光餐具，把餐具打磨得像银子一样闪亮。

与此同时，一个新的行业正在蓬勃发展：人们发现了油田，开始挖掘许多油井。祖父去英国，带着石油钻探设备回来了，并且租给了油田主。有一天，一位油田主带着问题来找我的祖父：石油没有出来，钻井设备卡住了，无法拆除。

我的祖父是一个强硬的人。你可以把他想象成纽约黑手党的形象：戴着油亮的毡帽，眼神冷酷。他告诉那位油田主："我要拿回我的设备。如果它被卡在油田里，你可以把它和油田一起归还。"

就这样，我的祖父获得了他的第一块油田。他设法移除了钻头。（我听到的故事是，他改变了钻孔的方向，不是钻油，而是以很大的压力将水泵入地下，从而取出了钻头。）他将设备移到另一边，再次钻井，然后钻出了石油。

祖父喜欢成功的感觉，于是他打电话给一位了解油田和钻井的英国朋友。他们非常清楚更好的地点在哪里，并逐渐开始购买周围的油田，其中大部分确实产油。

战争爆发之前，这位英国朋友告诉我的祖父，他不能留在波兰。虽然祖父预感到战争即将来临，但还是买了他朋友的份额。事实上，两周后，纳粹德国就入侵波兰。那些油田怎么样了呢？战争结束时，所有油田被收归国有。

战争一打响，我的祖父就带着他的妻子和 3 个未婚子女（两个儿子和一个女儿，其他子女已经有了家庭）逃往苏联。

我的祖父在去世前将所有的财产都留给了我和姐姐，包括那些油田的契据。他的钱不多，我们每个人只拿到 5 万美元（那是 1973 年）。但这足以让我开始新的生活了。（8 年后，当我和希莉特结婚时，我们花费 7.5 万美元购置了一所公寓。）我的父亲曾经查证过能否用一些东西换回那些油田和其他留在波兰的东西，但无济于事。我的祖父不在乎，我也不在乎，但很高兴我是唯一尚在人世的拥有油田的以色列人——至少在理论上是这样。

许多人问我为什么没有向波兰政府要求赔偿。作为企业家，我怎能如此软弱和懒惰地对待这份事业？

有时，企业家精神比其背后的金钱更有趣。我想，我的祖父开发“钢青蛙”（那些无处不在的大垃圾桶）远比试图追回自己的财产更富有乐趣。对我而言，听到出现一些新的创业公司或创新的想法，远比钻研繁文缛节更有趣——后者很有可能是徒劳。

1.13 还有发挥企业家精神的空间吗

我记得在军队服役期间，考虑将来自己会做什么时，我认为未来可能不会再需要程序员。当时是编程语言和 dBASE 程序的时代，借助它们，没上过以色列理工学院的程序员也能编写出数据管理程序。

此时已经有了操作系统，也有优秀的编译器，还有 dBASE II。每年从大学毕业的程序员都能做什么呢？这让我感到焦虑……多么愚蠢的想法……

我不是唯一这么想的人。在我之前，Digital 公司（当时是计算机市场的第二大公司）的肯·奥尔森说自己“无法理解人们为什么需要个人计算机”。

早在此之前，IBM 的总裁托马斯·沃森就声称：“5 台计算机足以满足整个地球的计算需求……”他于 1943 年如此断言，当时由 IBM 开发的计算机还远不及如今的智能手机处理器。

滑稽。

还有很多工作要做。

人体及机体功能将被实时监控和分析，以确定出现的任何问题。

个性化医疗保健将使用患者的 DNA 来开发新的有效疗法，所有数据都会存储在云端，用于分析患者本人的身体状况和治疗效果。

我们的手机将更智能、更像人、更能满足我们的需求，交互性也会更强。

视频世界将以与游戏集成的电影为特色，观众将能够干预情节，甚至“进入”电影。

所有比赛都将附带应用程序，允许观众收到更多信息并参加比赛。

我们的通勤方式、出国旅游的方式、进入太空的方式都将发生变化。

我们的学习工具（更重要的是，我们孩子的学习工具）将完全不同。

上述每一条都需要数十家或数百家公司的努力和创新。

还有很多工作要做。还有很多东西要发明。

世界上总会有 IBM、微软、谷歌和苹果，而且他们似乎总是立于不败之地。就像在黑白棋游戏中一样，这些公司似乎占据了重要的地位（4 个角落），无论我们做什么，他们都可以放下棋子，将整个棋盘变成自己的颜色。

不过，“小家伙们”有一个巨大的优势。他们从底层的角度看问题，真正的麻烦正是出在底层。这些小家伙更小、反应更快。他们不会被承诺、版本和兼容性问题拖累……

看看像 WhatsApp 这样的公司吧。下面就是这家公司过去所写的。

什么

WhatsApp 是一家技术型创业公司，成立于硅谷中心。这个名字是什么意思？好吧，如果你还没有注意到，那就提醒一下——它是“What's up?”这句话的双关语。

为什么

我们希望构建一个更好的短消息替代方案。我们相信自己可以做到，因为在不久的将来，每个人都会拥有智能手机。

谁

WhatsApp 公司是由两个人共同创立的。在成立公司之前，他们花了 20 年时间在雅虎做了很多蠢事，积累经验。

这家公司成立于 2009 年。当时，短消息用起来还很完美。苹果手机提供了短消息服务，也有一些类似的 App，此外……还有 Skype。Skype 的发布时间比 WhatsApp 早 6 年，并且比 WhatsApp 做得更多。它可以免费传输文本和视频，也可以免费通话。

那么，像 WhatsApp 这样的公司是如何取得突破和成功的呢？仅仅依靠卓越的性能、简单的用户体验（而 Skype 被微软收购后，其用法变得更难、更复杂了），以及对移动未来的清醒认识。聪明的企业家！

是否有人告诉那些企业家，短消息还远远不够，Skype 很蹩脚？**没有。他们睁开眼睛，看到了人们对不同事物的需求。这些事物好过我们每天都在使用的东西，而我们甚至没有想到能以不同的方式做同样的事。**

世界充满了这样的问题，但是你总是在不经意间错过。你根本看不到它们。你认为“这就是它应有的方式”，并且是独一无二的方式。有时，你甚至不认为它是一个“问题”。

还有很多工作要做，你只需睁开眼睛……

第 2 章

百门模型

2.1 智力游戏

假设你独自被困在虚拟世界中（如果不容易想象，那么就假设是一间大厅），周围是 100 扇紧闭的门。

你十分想离开这个世界或大厅。这是一个生死攸关的问题。

你知道，打开每扇门的概率**互不影响**——你有 1%的机会打开门，有 99%的可能性会碰壁。

1% 意味着什么？从统计学的角度来说，这意味着在这 100 扇门中，只有一扇没有上锁。不过这只是统计数据。在我们的例子中，可能根本没有能打开的门，也可能有两扇甚至三扇没有上锁。但这关系不大，如果（至少）有一扇未上锁的门，你就可以脱离困境。如果所有门都被锁住了，你就会挨饿，并自问是如何陷入这种糟糕境地的。当然，你可以尝试打开所有的门。此外，一次又一次地尝试打开同一扇门是没有意义的。它要么没上锁（会在第一次尝试时打开），要么上了锁（有 99%的可能性）。

那么问题来了：**逃离这个虚拟世界的概率是多少？**

答案是：____。（不要写公式或范围，给我一个百分比！）

不要偷看答案！

这个问题并不难。

它不是统计学或组合学的研究生考题。

它也不会说明你有多么聪明。

我明白你不知道答案，但是猜测一下吧。

拿一支钢笔或铅笔，写下你的答案。如果不想写在书上，就找一张纸吧。

2.2 解决方案

多年来，我一直在问这个问题。我绝对问过超过 100 人，收到的答案却截然不同，所以你给出的任何答案都是合理的。除非……

除非你的答案小于 0 或大于 100%。若是如此，我建议你继续做目前的工作，忘掉创业这回事儿。还有很多其他的事情可以做，你可以画画，或者成为雕塑家、电影导演，甚至是财政部长，但别做生意。

如果你的答案是 1% 或更低，则说明你的逻辑思维出了问题。如果只有一扇门，打开它的概率就是 1%，这是问题中给定的。如果添加一扇门，显然概率只会增长，必须大于 1%。

有人说概率是 100%，即用 1% 乘以 100 扇门。然而 100% 也是错误的答案。为什么？如果有 120 扇门，概率会是 120% 吗？

关键不是有 100 扇门，其中一扇未上锁，因此每扇门打开的概率为 1%。再次注意重要信息：打开每扇门的概率**互不影响**——你有 1% 的机会打开门，有 99% 的可能性会碰壁。有一定的概率 1 号门上了锁，2 号、3 号、4 号、5 号和剩下的门也是被锁住的。因此，不可能 100% 确定至少有一扇门未上锁。逃脱的概率肯定低于 100%。

有人声称答案是 50%。理由是，你也许能逃脱，也许不能。我通常会回答说，人在 5 分钟内死亡的概率也是 50%，因为要么会死，要么不会……

会计师、注册会计师和首席财务官给出的答案通常是 3% ~ 7%，这也不是正确的答案。他们看到的是低概率，而不是大量的门。他们是天生的悲观主义者，这就是他们选择这份职业的原因。

销售人员、营销专业人士和业务开发专家则是一群乐观主义者。在他们回答 100% 而我解释不可能是 100% 之后（有些人继续坚持……），他们会抛出一个接近 100% 的数，比如 99.999% 或 99%。较为温和的乐观主义者愿意把答案降至 97%。为什么？每扇门的概率很低，但有很多门可以尝试。

现在，如果你已经写下了一个数，可以看看自己是财务人才还是销售人才……

2.3　正确答案

正确答案是 63.4%，不到 2/3。

为什么？

计算过程很简单。

一扇门被打开的概率为 1%，即 0.01。相应地，它被上锁的概率是 99%，即 0.99。如果只有两扇门，则下面 4 种情况均有可能出现。

- 门 A 和门 B 都上了锁。这种情况出现的概率为 0.99 × 0.99，约为 0.98。

- 门 A 上了锁，门 B 可以打开。这种情况出现的概率为 0.99 × 0.01，约为 0.01。
- 门 A 可以打开，门 B 上了锁。这种情况出现的概率为 0.01 × 0.99，约为 0.01。
- 门 A 和门 B 都可以打开。这种情况出现的概率为 0.01 × 0.01，这是一个可以忽略不计的数。

如果有 3 扇门，那么所有门都上锁的概率是 0.99 × 0.99 × 0.99，约为 0.9703。

如果有 4 扇门，那么所有门都上锁的概率是 0.99 × 0.99 × 0.99 × 0.99，约为 0.9606。

因此，所有 100 扇门都上锁的概率是 0.99 的 100 次方。这个数是 0 吗？不。试试用计算器算一下吧。答案约为 0.366 032 341 27，四舍五入后即为 0.366。

至少能打开一扇门的概率是多少？

一个始终正确的逻辑是这样的：如果某个事件发生的概率是 X，那么该事件未发生的概率等于 1 减去 X。

因此，逃脱（至少打开一扇门）的概率是 1 减 0.366，即 0.634 或 63.4%，接近 2/3（66.7%）。

普通人不可能知道 0.99 的 100 次方是多少，我当然也不指望有人知道。如果你的答案并不接近，那也没关系。如果你的答案介于 1% ~ 99%，那么你已经通过表现出优秀的体育精神和强烈的好奇心而占据了优势。这些品质在商业世界中并不是人人都具备的。

直到今天，在我问过这个问题的所有人中，只有两个人知道答案大约是 63%。第一个人不知道原因——难道你不讨厌这种人吗？第二个人是天才，他说："这很难吗？用对数解决不就行了……"我也"讨厌"这种人。☺

我之所以提出这个智力游戏，既不是为了让你了解自己的经商水平，也不是为了训练你的逻辑思维。对我来说，这个智力游戏有更深层的意义。

在我看来，这个模型贴切地描述了创业世界。在创业时，你会被抛入（或自愿进入）一个包含 100 扇门的世界。你争分夺秒地寻找那扇能够向你敞开的门，从而取得突破并向前迈进。（这扇门在哪里呢？稍后会详细介绍。）找到了？太棒了！没找到？你将崩溃、瓦解并消失得无影无踪，就像在那些战争游戏中一样。剩下的就只是投资者报告中的一个数字。

你可能想立刻合上本书，因为我显然已经给了你成功的秘诀：不是创建一家公司，而是三家，每个不同的领域里一家，并尝试在每个领域里打开一扇门。从统计学的角度来讲，其中约两家会取得成功（大约 2/3）。做到两家成功就很好，能做到一家成功也不错。

很遗憾，事情不是那么简单。在接下来的几页中，我将解释原因。

2.4　什么？大约 2/3？？？

这样的断言并不真正与统计数据相符，统计数据大约是 1/10 或 1/100。

高新技术加速器扶植崭露头角的公司，通过持续的咨询和支持"加速"它们的发展。Y Combinator 是世界上最成功的加速器之一，在其孵化的 511

家公司里，有 37 家在前 8 年获得了成功（尽管人们可能会问“成功”是如何定义的，但我们相信这些公司确实成功了）。37/511 约为 7%。如果对任何创业公司而言，成功的概率都是这个数字，那还不错，但 Y Combinator 在接纳公司前会进行测试，只有 3% ~ 5%的公司通过测试！当然，有些没有与 Y Combinator 合作的公司仍然取得了成功，但它们的成功率低得多。有些公司没有去 Y Combinator，因为它们不需要这个平台。在该群体中，成功公司的比例可能要高得多。还有大量公司在没有尝试联系 Y Combinator 的情况下兴起又衰落。

创业公司成功的概率介于 1/1000~1/100，这只是粗略的估算，而且不算那些决意创建公司却迟迟未有进展的“有想法”的人。

然而，根据百门模型，创业公司成功的**理论**概率高达 2/3。如果企业家挨个试图打开每一扇门，成功的概率就是这个数。

如何理解这个理论概率与实际统计数据的可怕差距？答案是：企业家并没有尝试打开所有的门。他们要么打开了错误的门，要么累了，要么团队在中途消失——还有更多这样的“要么”。

同样可以肯定的是，创业世界不是笔直的走廊，那些门也不是均匀地分布和排列在两侧。相反，它的环境复杂、变幻莫测、路线曲折、起伏不定，像迷宫一样，一些敞开的门后无路可走。你可能在经过艰辛的努力之后终于破门而出，却发现自己进入一个没有出口的密室。此外，情况还在不断变化。曾经敞开的门（相对而言，意味着它们有更大的开启机会）现在已经紧闭；新的门突然出现，只待有心人（不能确保它们会敞开）。

在这个世界里，还有野兽在徘徊。哦，我还应该提到，有人偶尔会朝你射击。

门本身如何呢？**每扇门都有自己的解锁程序。每扇门都会以不同的方式打开（假设全部能打开）。每扇门都有自己的特点……**

（此刻，我不禁想到了美国摇滚乐队 The Doors，主唱吉姆·莫里森肯定选错了门……）

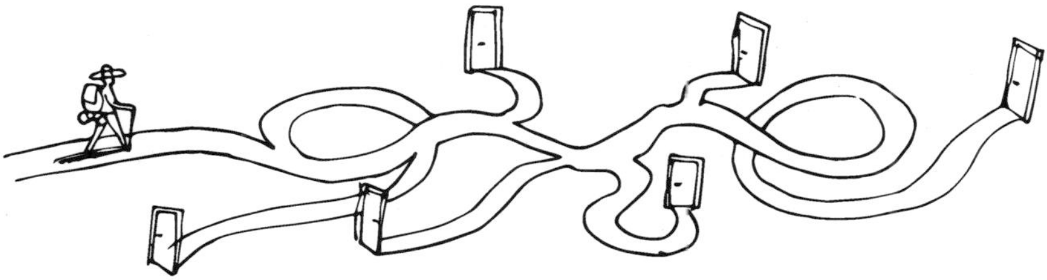

面对所有门时，你要做的决定就是：

- ❑ 要尝试打开哪些门（客户和投资人）；
- ❑ 要采取什么途径（如何联系客户，何时联系投资人）。

你是应该尽全力打开一扇门，还是应该为下一扇门节省一些力气？你是应该绕道看看周围是否有其他的门，还是应该继续沿路前进以便尽快抵达目的地？你脚下的路是已经走过的，还是一条真正的新路？

在创业世界里行进非常困难。不过，既然你已经读到了这里，就意味着你正在努力迎接挑战。面对挑战的意愿和能力是你的绝佳工具。我们即将迎来一个很好的开端。

2.5 不是 2/3 的另一个原因

有时候，你经历了漫长的旅程，敲了许多扇门，吃了一次又一次闭门羹，最后到达了一扇敞开的大门。你欢欣鼓舞地走了进去。之后，你回到朋友身边，自豪地告诉他们你的惊人成就。你举办了一个聚会（这是必须的！有机会庆祝的时候就尽管庆祝！）或者至少举杯祝酒。你优雅地做了一场演讲，说“我们走过的旅程……我们英勇向前……团队精神……这将改变世界”，然后你发现自己其实进入了一个全新的世界。

在这个新世界中，**还有另外 100 扇门，每扇门都有 1% 的开启机会**。这个世界更加复杂，你将不得不跑得更快，因为你正在与其他成功的企业家和试图与你分享午餐的大型掠食者竞争。这是一个更“令人沮丧”的世界，因为你的每一步都踩在之前那些企业家的肩膀上，他们只是不够有天赋或不够强大。

第一个世界实际上是种子轮。种子被撒在土地里，在培育和浇水后长成一棵美丽的树。在创业世界里，种子轮是指最初从信任你和你的想法的朋友、家人或“天使”（愿意支持公司初期发展的投资人）那里筹集资金。

下一个世界是 A 轮，你从专业投资人那里筹集资金，他们是风险资本投资者。这也是找到第一个客户和战略合作伙伴的地方。接下来是 B 轮，也许还有 C 轮和 D 轮……

在每个这样的世界里，成功的概率都仍然为 63.4%。当然，前提是你能够接触到每个世界里的所有门。但如果将第一个世界的 63.4% 乘以第二个世界的 63.4%，并且这样做 7 次，则成功的概率会下降到 4%。

4%——如果你是超人。

4%——如果你有无限的忍耐力。

4%——如果你有无尽的决心。

4%——如果你选择了合适的团队并且有绝佳的创意。

第 3 章

创业世界

3.1　各种世界

企业家所处的各种世界，或者称为市场，有着天壤之别。有好的市场，也有不好的市场。我曾试图说服一位投资人为我的一家公司投资，他告诉我：“你们这种（视频）公司的‘坟墓’已经遍地都是了，有些‘墓碑’还高得惹眼。”当时，我没有觉得这种说法很好笑。

哪种世界对应充满艰辛的市场？是这样一个世界，其中的门（代表潜在的投资人或客户）彼此距离非常遥远。你很难抵达那些门前；即使最终抵达，开启它们的概率也不到 1%。在这样的一个世界里，投资人会告诉你：“你的想法非常有趣。不妨在盈利之后再回来找我。”（谢谢，但到那时我就不再需要你了，不是吗？）

假设你正在创办一家向移动运营商出售产品的公司，但成功的机会非常渺茫。在世界上的许多地方，那些曾经富极一时、挥金如土的移动运营商已经没落（它们停滞不前，缺乏突破其他领域的企业家精神）。全球监管使它们真正开始竞争。当竞争变得实实在在时，利润往往会减少。然而，尽管已经没落，一些人的骨子里仍然铭刻着“世界之王”的印记，他们会给你找麻烦并借故搪塞（“让我们做一个测试版”，或者“我们对用户界面有一个新想法”，又或者“我们发出了一个信息请求”）。有时，他们想要的只是……信息，而你是提供信息、写文档、派遣人手和进行测试的人。最终，他们什么都没有买，而你白白地浪费了自己的时间和资源。

尽管每个投资人都会做自己的决定，但他们往往会被同一种“病毒”感染。一方面，如果某个市场突然被视为日薄西山，那么一切都是徒劳的。在这样的世界中打开一扇门是极其困难的，不管它实际上是好是坏。

另一方面，如果某个市场突然变得时髦和流行，那么一切都会顺利。以网络安全为例。曾几何时，每个人都知道互联网上需要有安全保障。人们称之为“保护”或“安全”，由某些公司提供。突然间，人们开始称它为“网络安全”，这成了一个流行语：网络安全中心、学校里的网络安全研究、以色列国防军的网络安全部门，等等。由于这种炒作，“网络安全”世界似乎近在咫尺、四通八达，门与门的距离也很近。有些门虚掩着，让你可以一窥前路如何。

然而，**好的市场也可能会变坏**。这些门具有某种特征——无论何时有人进入，都会减少其他人进入的机会。在一个市场中，如果已经有许多公司叩开了机遇之门，其他公司挤进门的机会便会减少，这将最终导致仍在找寻机遇之门的公司遭遇瓶颈。一个好市场会变得糟糕，相当有趣且有利可图的世界可能会突然遭到诅咒。但是，何时会发生这种情况呢？预测这些市场趋势很难，甚至不可能做到。

3.2 市场会起死回生吗

几乎永远不会。好的市场“自然出现”。然而，糟糕的市场有时可以改头换面，然后势头扭转，变成好的市场。

互联网设备市场就是这样，那源于 2000 年前后的一次炒作。该市场在 2001 年消失了，但近年来它以物联网之名复活，成为一个热门话题。至今，物联网仍然势头不减。它是**天生**的好市场，还是后来才变好的呢？正如你可能感觉到的那样，这些定义并不固定，没有一个明确的答案。

手机游戏市场也有同样的命运。这个市场很“古老”，至少已经存在了 15 年，但起初它并不成熟。涉足这个市场的公司就好像进入了一个只有 3 扇门的世界，每扇门之间的距离至少 10 千米。今天，它是一个优秀、成熟的市场。（千万别告诉其他人，它对公司和开发人员来说非常棒，原因有二：筹集资金很容易，人们玩游戏的时间很长。）15 年前，游戏开发商会祈祷诺基亚或摩托罗拉购买他们的游戏（或收购他们的公司）。今天，这些公司可以面向数十亿玩家免费分发游戏。他们真的不需要卖掉游戏；每当用户不小心点击广告时，这些公司都会赚到几美分，这就够他们享用了……

在一家公司推出一款爆品（会飞的鸟、会爆炸的糖果……）并以不可思议的价格出售时，这种情况尤其可能发生。一切看起来都棒极了。每个企业家都会问自己和朋友："为什么不是我？难道我不能设计出一款关于恼人豪猪的游戏吗？"投资者看到他们遇到的伟大家伙如何创造出了一些令人兴奋的作品，就像芬兰的 Rovio 娱乐公司创造出《愤怒的小鸟》。他们认为这些就是本地化的"小鸟"：充气星系、跳蚤和狗、从不同高度跳出建筑物的猫，积累力量和经验（我对这些创意保留所有权利……特别是那只名叫 Ronsho 的猫）。"**我们正在叩开 10 亿美元的大门……**"

有时，市场发展缓慢，然后突然变得畅行无阻。所有的门似乎都在朝你喊："来找我！来找我！"

即使你没有找到这样的"热门"市场，也**不要绝望**。虽然流行语和炒作让你在这些世界中更容易取得成功，但在缓慢发展的市场中，你也可以通过艰苦卓绝的努力来办到。也许，目前令人不满的市场最终会蜕变成一个温馨的地方，所有的门都可以轻易打开。

最近对全球上万家创业公司成败的研究指出，成功的第一大要素是把握创办公司的**时机**。涉足尚未成熟的领域，不太可能生存下来。在饱和的市场中，竞争激烈，每个人都在拼命战斗。然而，若在恰当的时间进入恰当的市场，成功的机会则将剧增。

这是什么意思呢？我们能猜出哪个市场即将成为“热门”吗？不能。我们也并不确定自己的好创意实际上与增温的市场相关。关键在于，市场很重要。时机也很重要，但把握时机并不容易……

在任何情况下，如果没有准备好、没有正确的想法和资源，都不要试图从一个市场跳到另一个市场。这是因为，如果你已经渗透进了一个市场，那么转换市场所需的能量就会很大，并可能导致你崩溃。

3.3 如果过早进入市场

20世纪80年代末，我和阿里耶·马吉创立了M-Systems公司。当时，一种被称为闪存的存储器组件诞生(之所以叫作闪存，是因为高电压一闪，即可擦除数据)。我们误打误撞地将闪存用作一种原材料来替代军工级磁带。也就是说，在创立M-Systems时，我们并没有明确的目标。不过，它最终发展成为“M-Systems Flash Disk Pioneers有限公司”，即闪存盘的先驱。我们以为，人们会立刻用闪存盘来替代磁盘。我们绘制了漂亮的图表，用来描绘闪存盘的价格如何每年减半，硬盘的基础价格没有真正下降，而且磁性媒介的价格下降速度也很慢。砰！最终几条线相交，闪存盘获胜。

现实大大出乎了我们的预料。那是20多年前的事了，而直到现在，闪存盘也没能完全取代世界上的所有磁盘。为什么？因为每年对存储空间的需求呈指数级增长，而且就每吉字节的存储价格而言，磁性媒介仍然比闪存便宜得多。

不过，闪存盘仍然是赢家。计算机已经发生了变化，今天的手机实际上是多功能计算机。这些“计算机”，即智能手机，并没有硬盘，而是拥有基于闪存的内存。昔日的“软盘”也被 USB 闪存驱动器所取代（它有很多名称——USB 存储棒、拇指驱动器，在中国叫 U 盘……在以色列叫 DiskOnKey——这是我们最初给该产品取的名字），这在很大程度上要归功于我们发明了它，多么奇妙啊！

我们曾寄予厚望的那些基于闪存技术的存储盘后来如何了呢？2006 年，闪迪公司收购 M-Systems。当时，M-Systems 有 4 个部门：

(1) DiskOnKey 部门（我们发明的产品）；

(2) 移动部门（主要产品是 DiskOnChip）；

(3) SSD 部门（SSD 是指 Solid State Drive，即固态硬盘，一种基于闪存技术的存储盘——这是专为计算机市场设计的产品）；

(4) 数据安全部门（主要处理 SIM 卡及其应用，用于将存储和数据安全相结合——主要着眼于蜂窝网络市场）。

SSD 部门很小，当时的销售额达到了数千万美元。对 M-Systems 这种年销售额达 10 亿美元的公司而言，区区几千万并不算多。在合并后的公司中，它是大海中的一滴水，只占公司总销售额的几个百分点。然而，它的客户有惠普、戴尔和 IBM。（我记得在公司被收购的第二天，戴尔告诉我们，我们已经被选为其独家供应商……如果戴尔早几天选择我们，那么将使这笔交易增加几千万美元，那可就太美了……）

尽管闪迪毫无疑问是一家出色的公司，但是它忽略了 SSD 的潜力，几乎完全忽视了这个部门。这是可以理解的：两家大公司之间的合并并非易事，需要克服文化差异，融合技术，实现异地交流，等等。

可是有一天，大容量数据存储系统的制造商意识到，他们不需要（而且出于成本考虑，并不能）把十分廉价的磁盘更换为更快、更节能却更昂贵的闪存盘。只需要组合这两类存储盘就足以显著改进对磁盘阵列的访问。这种认识造成了对 SSD 的需求剧增。苹果公司决定从其部分机型中删除传统硬盘，仅使用闪存盘，这使情况变得更加复杂。

这对 SSD 市场的影响是什么？砰！任何进入该市场并宣布要做某种 SSD 的公司都被默认市值达数百万美元，而这些公司或许还没有开始编写代码。突然间，闪迪公司需要用 SSD 来补充其产品线了。为了满足这一需求，它开始斥资数亿美元收购该领域的公司。

以上故事能给你什么启示呢？当创办公司时，你需要尝试猜测什么会变得热门。选择正确的市场，让自己在其中寻找机遇之门的过程不会成为噩梦，而会是一次冒险。要猜出什么会变得热门、什么会持续冷门，这并不容易，但不能不去尝试。

如今，这种预测更加困难，因为一旦进入热门市场（已经组建了团队，也有了初始产品），你会发现市场不再具有吸引力——它已经枯竭了……

通常，创业始于一个想法。很少有企业家会先选择要渗透的市场，然后再提出想法。虽然这是理想情况，但并非必然。

怎样才能找到好的市场呢？我无法给出建议，但有一件事是肯定的：**你必须全身心投入，了解最新技术，多阅读，与人交流，睁大你的眼睛。**

你有可能过早地进入市场。就像 M-Systems 的 SSD 部门一样，在被收购时，它提供的产品对闪迪公司没有吸引力。M-Systems 本身也是一样，它过早地进入了市场，在这个被忽视的市场里徘徊多年，听到了一个接一个的“不”。在这种情况下，你可能会江郎才尽，除非具有充足的决心和运气。但是，任何在这种情况下幸存下来的人最终都会获胜。不要太早放弃，因为也许你只是走在时代之前，而且市场仍然有上升和发展的空间。

“热门”“冷门”“枯竭”——创业世界确实错综复杂。因此，在进入你所选择的世界之前，请尝试确保它是一个好的世界：一个充满吸引力、正在蓬勃发展的市场，并且它尚未被竞争对手垄断。**不要太早，也不要太晚……**

3.4 需要什么才能起步

首先，你需要一个**团队**，以及一个**想法**。好吧，有什么比组建一个团队或提出一个想法更简单的呢？

组建团队似乎很容易：找一些朋友、同事，或者通过某人认识某人。但事实上，组建优秀的团队并让各成员精诚合作非常困难。在优秀的团队里，成员们相得益彰。他们需要共同努力，从头到尾走完艰辛的旅程。然而，只有通过合作，才能发现成员们是否如此。

除了团队，你还需要一个想法。这个想法似乎是问题的核心。你围绕这个想法建立起自己的团队。有时会出现相反的情况：一个团队走到一起，并努力提出一个想法，之后成立公司。无论是哪种方式，想法都必须让人眼前一亮！

这个想法必须富有创意。

它必须有趣。

它必须适合好的市场。

这个想法必须具有赚取数亿美元的潜力（如果得到风险投资基金的支

持，则是数十亿美元）。

此外，在我看来，这个想法还应该为世界创造一些价值。我个人不会投资那些没有这种附加价值的公司。其他投资人可能并不看重这一点，这是他们的特权，但是我认为这至关重要。

团队和想法，哪个更重要呢？

好吧，没有想法就不会有公司。但是，随着公司不断发展，**想法可以被替换。然而，一个团队，特别是首席执行官，很难（几乎不可能）被取代。**

事实上，你并不会替换想法，而只会调整它、改进它、完善它。你会改变角度，然后发现原先瞄准的市场可能并不合适。于是，你瞄准一个新的方向，然后再次调整。几年后，当你回首时会意识到，创建公司时的想法并不是那个赢得成功的想法，但这完全没有问题。

怎么才能知道一个想法是好是坏呢？好吧，并不能！但你必须尝试判断。要怎么做呢？在互联网上搜索类似的想法，咨询朋友，并从相近或相关领域的专业人士那里获取建议。有时，你的伴侣、父母，甚至孩子都可能会就你的想法应该满足什么需求向你提供反馈。这种反馈可能具有误导性，因为有时会受其主观偏好的影响（他们并不会真的说你的想法很愚蠢）。然而，这些反馈有时可以帮助你完善想法。

M-Systems 公司于 2000 年 11 月在美国拉斯维加斯举办的计算机经销商博览会（COMDEX）上将 DiskOnKey 推向市场。我们与 IBM 共同发布了该产品，IBM 在当时已是计算机市场的领先厂商。我们从市场得到什么反馈呢？什么也没有。

当年 12 月，我在一场分析师大会上发言，并首次在以色列展示了 DiskOnKey。反响如何？往好的说，它遭到蔑视；往坏的说，它完全被忽视。“能装在口袋里的内存卡？谁会需要呢？为什么这么贵？我能用电子邮件把文件发送到任何地方……软盘有什么不好吗？”

因此，要倾听你的市场。不仅要仔细听取积极的评论，而且也要仔细聆听那些打击你的人，但不要因为一些过于自信的人告诉你它毫无价值而抛弃自己的想法。特别是，如果给你意见的人是资本市场分析师……

至此，万事俱备。你有了一个想法，也有了一个团队。是时候进入创业世界了，就是那些有 100 扇门的世界。如果你没有想法或团队，请不要急着进去。这样做会浪费时间。你可能会发现，那些门不仅有锁，而且其中一些还有记忆——如果你没有做好准备就尝试开门，那么当将来带着想法和好团队返回时，也将很难打开它们。

第 4 章

团　　队

4.1 团队至上

从瑞士小镇翁根到劳特布龙嫩有一段十分陡峭的山路，垂直距离约500米，我走过去大概要一个小时。

这天，当我怡然自得地漫步在这条山路上时，手机忽然响了。一看是赛夫打来的电话，我就接了。其实我不该接那通电话的。对我而言，散步的乐趣在于边走路边思考，但我一接电话，这种乐趣就全毁了，何况我们的对话也完全不适合边走边聊。我们应该面对面地谈那件事，而不是在电话里说。不巧的是，就在我接听电话时，一滴汗珠渗入了手机的缝隙里，于是手机就报废了。朋友说“这是活该”，但他们是出于好意：他们认为我在翁根应该好好放松一下身心，暂时远离工作的烦扰。

赛夫是Comigo公司的运营副总裁，已经工作了两年半，业绩很出色，但他不想继续留在Comigo。他的上司莫蒂，也就是Comigo的首席执行官，曾经试图说服他留下，但没能成功。我早就知道赛夫有离职的意愿，因为他想从运营转到销售方向，但Comigo无法满足他的愿望，所以他就另寻东家了。

赛夫解释说，他很喜欢Comigo，也很喜欢一起共事的同伴，他相信公司能够理解他的选择，等等。他也承诺离职时会尽量不给公司添麻烦。我对他说，无论他多么努力弥补，他的离职都会给公司造成损失：“尽管公司目前经营状况还不错，但仍处于艰难的爬坡期，你在这个关键时刻撂挑子，只会让公司雪上加霜。”因为他坚持要离职，所以我冲他发了火，而这反过来也激怒了他。

赛夫坚持要离职，而我无能为力。当公司处于艰难的爬坡期时，当每个人的话题都围绕着“拿下更多单子”“必须盈利”“何时收回成本”时，一位业务骨干的离职会给公司带来沉重的打击。没人知道公司能否迈过这道坎（这很不容易，但我见过奇迹发生），对元老级员工来说，这种不确定性尤其是一种煎熬。公司里最重要的员工，是那些终日盯着显示器，并为公司创造产品的人。然而，这样的人往往最缺乏对市场的洞察力。在他们看来，自己写的代码运行得很流畅，做出的产品也无懈可击。但问题在于，他们既见不到客户，也见不到投资人。他们不太关心市场需求和竞争状况。因此，当管理层有人离开时，公司的整个体系就会摇摇欲坠。

正因为如此，我冲赛夫发了火，而他也反过来冲我发火，问："你整天都在说什么企业家精神和创业公司，那你倒是说说，为什么我非要留在公司里干活不可呢？"

我们的谈话就这样在剑拔弩张中戛然而止。

后来我的手机报废了，于是次日早晨，赛夫在 Skype 上跟我聊天。以下是对话的缩略版本。

赛夫（10:12:09）：在吗？

我：在，说吧。

赛夫：早上好。我休息了会儿，感觉头脑冷静些了。很抱歉昨天那样对你说话。

我：没关系。我知道你睡一觉情绪就好了，就像恋爱中的争吵似的。☺

赛夫：我有一事相求。我想终止和 Comigo 的劳务合同，平静而有尊严地开始新生活。我想这对我们彼此都好。

我：当然，这没问题。

赛夫：请相信我，我还是很喜欢这家公司和我的同事的，否则我也不会花这么长时间来做这个决定。

我：我相信你。

赛夫：不过，我会对自己的行为和决定负责。也许我是错的。

我：每个人都会犯错，除非啥也不做……

赛夫：我真的希望划上一个圆满的句号，并尽力帮莫蒂做一些收尾工作，这样我也能尽快顺利离职。

我：好的，谢谢你。

赛夫：但啥也不做可能也会犯错……

我：☺

赛夫：很高兴你能理解我。当我正式离职时，我会对你说 3 年前你对我说过的那些话，那时我刚加入 Comigo。

我：你说吧……

赛夫：不，现在你还得再等等……☺

我：我能猜出你想对我说什么。

赛夫：好吧，就像你说的，“多保重”。祝你散步愉快。

我（10:27:15）：谢谢你。

赛夫想对我说的是，3 年前他来到 Comigo 时，我曾对他说，在他 40

岁之前，他会出来创业的。一转眼，他的 40 岁生日就快到了。虽然暂时没打算自己开公司，但他正朝着创业的方向迈进，至少我认为如此。我也真心祝愿他能有一番作为，毕竟他是个很出色的人才。

就这样，赛夫离职的危机解除了。他的离职对公司造成的影响可以忽略不计吗？很难说，我不知道他的离职是否会导致公司在此之后接连出现重大失误（而要找到一个合适的人来收拾这个烂摊子，可能需要很长时间），或者导致其他员工接二连三地离职，甚至引发一小波离职潮……

结果呢？赛夫的确离开了 Comigo，并入职了另一家创业公司。然而 5 个月后，他又回到了 Comigo 的怀抱。

结论：

(1) 山的另一边似乎风景更好，但等你翻过山去，会发现不过如此；

(2) 伟大的人都懂得知错就改。

当你走上创业之路时，要特别留心挑选跟你共事的人。

你可能会问："自己一个人创业不也行吗？"

当然，你可以做独行侠。我自己就挺喜欢独自闲逛。你可以自己开公司，自己做首席执行官，但想要公司走向成功，仅靠单打独斗几乎是不可能的。有的公司有两位创始人，有的甚至有 3 位，还有的公司有 5 位甚至更多的联合创始人，但这样的公司很难成功，因为这些联合创始人很容易产生分歧，并分裂成多个"阵营"。不过，当公司有 3 位联合创始人时，反倒不容易起纷争。当公司有两位联合创始人时，他们能够彼此激励（并在紧要关头互相支持）；不过如果有了第 3 位创始人，那么通常其中两位能就某事达成一致观点，而持不同观点的第 3 位则立刻意识到少数要服从多数。

但如果公司只有一位创始人，那么成功的概率几乎为零。

初涉创业世界时，并没有地图可供你参考。前方的路充满了不确定性。你被笼罩在茫茫大雾中，并且没有任何导航系统来帮助你。你很快就会发现，肩上的担子并不轻松。你要立即做出一系列决定，不是每月一次或每周一次，而是每小时一次，甚至更频繁：该雇用谁？要去找这个投资人谈谈吗（尝试开启机遇之门）？现在就谈还是以后再说？午餐吃什么好？（最后一个问题是开玩笑……☺）鉴于此，你需要周围有人来帮你出谋划策。

纵观历史，成功的创业者大多结伴而行：

- 亚当与夏娃；
- 微软公司的比尔·盖茨与史蒂夫·鲍尔默；
- 谷歌公司的拉里·佩奇与谢尔盖·布林；
- 闪迪公司的埃利·哈拉里与桑杰·梅罗特拉；
- M-Systems 公司的我与阿里耶·马吉；
- 苹果公司（早期）的史蒂夫·乔布斯与史蒂夫·沃兹尼亚克，以及后来的蒂姆·库克。

亚马逊公司的杰夫·贝佐斯与……？我不太清楚，但他背后肯定有为他出谋划策的人。总得有人可以倾听他的抱怨，比如抱怨一些疯狂的投资人居然想让这家“只有”20多年历史的公司真正盈利。

但这并不意味着你要将一切都和你的合伙人均分。1985 年，我成立了 Dikla 公司（Dikla 中的 D、k、l 分别代表我、科尔尼茨、拉塞尔，其中的 i 和 a 来自我妻子的名字，希莉特）。我的合伙人是罗尼·科尔尼茨和梅纳赫姆·拉塞尔，他们都是我在海军部队时的战友。不久之后，我遇见了另一位战友，他问为什么我们成立了公司却不告诉他一声。我们觉得有些过意不去，就邀请他加入团队。然而，他表示不想离开目前的工作，并会让他的妻子过来。至此，事态变得复杂了。他的妻子过来了，显然，她是一位非常出色的程序员，但她提出的薪水要求简直能要了我们的老命，何况那时公司的发展还不稳定。于是她走了，她的丈夫也不再与我们联系了。几乎每家创业公司都会碰到这种事情。

梅纳赫姆·拉塞尔更想留在航空航天产业里，因为他的妻子刚刚生下一对双胞胎，所以他更需要财务稳定。罗尼·科尔尼茨被我们的第一位客户“拐跑了”——客户相中了他，而不是我们的公司。于是，最后就留下我独自作战。巧的是，罗尼和梅纳赫姆几年之后都加入了 M-Systems，那时公司也已经稳定下来了。现在，罗尼还在那儿（其实在 2006 年 M-Systems 被闪迪收购以后，他就在闪迪的美国总部了），而梅纳赫姆最近离开了闪迪公司的以色列分部，加入了我的新公司——Comigo。皆大欢喜！这些事情说明，你在人生早期建立的关系往往是最牢固的，例如参军时、读高中时、读大学时。

不过话说回来，在我孤身一人时，我找到了阿里耶·马吉，他也是我在海军部队时的战友。在他应征入伍时，我是他的考官。我当时就发现他很有才干，于是当即同意他入伍。事实证明，他果然才华横溢，并且直到今天都和我是非常要好的朋友。当时我和他的股权分配方案是 75%和 25%。如果没有阿里耶，就不会有后来的 M-Systems。后来，阿米尔·弗里德曼加入了我们，我又给了他一些股份。3 年后，公司已经有了一定的规模，我们的团队又加入了阿米尔·班。他们虽然不是公司的创始人，但我仍将他们定义为公司的联合创始人，因为他们都为公司走向成功做出了贡献（他们可都是出类拔萃的人才啊）。

创立 M-Systems 的人是我，但打下这片江山离不开团队的帮助：阿里耶、两位阿米尔，以及后来加入的管理人员和所有敬业的员工。大家齐心协力，让这家公司为世界创造出了有价值的产品，并让股东和员工从中得到了丰厚的回报。

团队越出色，开启成功大门的机会就越大。有了可靠的团队，你寻找和规划路线的过程会更轻松、更准确，你也就有更多的精力来寻找那扇机遇之门……不过更重要的是，在创业的旅途中，你会享受到更多乐趣。就如众所周知的那样，旅途本身和目的地同等重要。

4.2　找到对的人

选择同伴曾经是很简单的事。过去有段时间，IQ（intelligence quotient，智商）测试风靡一时，有的公司甚至会送应聘者去参加测试。后来，EQ（emotional quotient，情商）的概念逐渐兴起，它衡量的是一个人的处事能力：能否"读懂"别人的心思，能否清晰、果敢地表达自己的诉求，能否理解当前的状况，是否掌握管理技能，等等。

当选择合伙人或者董事会成员时，还有一个重要的参考指标，那就是AQ（adversity quotient，逆商）。关于这一主题，M-Systems的组织顾问奥芙拉曾做过一场精彩的演讲。逆境意味着挫折，而AQ衡量的是一个人面对挫折和承受压力的能力，是助其走向成功的重要品质。AQ同样适用于公司，无论是财务层面还是人力资源层面。

AQ的本质是危机处理能力。当在讲座中提及AQ时，我称其为"amidut quotient"[①]。**因此，IQ固然重要，EQ也不可或缺，但对管理者而言，AQ才是重中之重。**

---

① 在希伯来语中，amidut的意思是"忍耐力"。

如何测试应聘者或者合伙人的 AQ 呢？你可以问问他们，当他们目前所在的公司发生危机时，情况如何，他们的反应如何，以及都做了些什么。你会发现，当谈到如何应对危机时，许多人会以第三人称的视角谈论他们自己的公司，或者他们所供职的公司。例如，“公司的资金链断了，然后首席执行官如此这般……”，或者“不是我的错，是他们搞砸了”。**若如此回答，那么他们就不是你要找的人。**

归根结底，在经历各种问题的狂轰乱炸之后，首席执行官（或者销售副总裁、研发副总裁、部门经理）的脑子一定会变得不太好使。问题在于，他们是否足够顽强，能够在经历各种打击之后仍坚守职责，并不惜一切代价取得成功。

招贤纳士是不可将就之事。寻找合伙人的时候，这一点尤其重要。

4.3 忠诚

选择团队成员最重要的指标之一就是忠诚。

吉姆·柯林斯在其畅销书《从优秀到卓越》中生动地描述了一位成功的首席执行官是如何组建团队的。首席执行官有一辆开往目的地的大巴车，他要做的就是选择他想要的人，并想方设法拉他们上车。这是一个绝妙的比喻，甚至在高新技术产业中成了一句俗语："谁在车上？"不过，对于那些不属于高新技术产业的公司，这个比喻尤其符合现实。例如，在银行业或钢铁产业中，往往人多车少。在高新技术产业中，反而人少车多，所有的大巴车都在积极揽客。首席执行官在他想要的人面前停下，说："来呀，快上车！"作为首席执行官，你需要找到最适合你的人，把他们拉上车，并**确保他们不会中途跳下车**。

然而，这个绝妙的比喻忽略了一种情况——有人在中途跳车。从首席执行官的角度来看，这着实糟透了，为什么呢？这是因为最先上车的并非大巴车的乘客，而是车轮。想象一下，你驾驶着大巴车正缓慢地行进在陡峭的安第斯山脉。由于是上坡路，你不能停止前进，然而就在此时，你需要更换一个轮胎，而你的手又不能离开方向盘。真是太要命了！

为什么会有人中途离开？

- 首先，可能是**你**的问题。你可能怠慢了这些员工，或者没注意到他们的情绪低落。你也可能没有听取他们的建议，或者没有遵守你曾许下的承诺。
- 有的员工失去了希望，他们再也不相信大巴车能开到目的地。
- 有的员工有了自己创业的想法。他们表示想做些新的工作，或者想改变职业方向，就像赛夫那样。
- 有的员工可能只是习惯了跳槽。他们觉得，如果能搭上一辆开得更快的车，那么自己就可能更快获得成功。

因此，决定公司成败的因素还有一个，那就是**核心团队是否忠诚**。如果一家公司的核心团队足够顽强，那么它成功的概率将高于那些充斥着"跳槽族"的公司。"跳槽族"即使才高八斗，也无法帮助公司走向成功。每家公司都会遇到危机，都会经历无计可施、处处受阻的至暗时刻。此时，"跳槽族"会另寻出路，而忠诚的核心团队则会坚守阵地、无惧风雨，并在经历挫折之后变得更加强大、聪慧、团结。

当我还在 Modu 时，我们有一个很棒的团队。为了招贤纳士，Modu 大力发动了宣传攻势（这是合法的竞争手段，为的是吸引投资和人才）。我们的宣传得到了回报，以色列高新技术产业的许多人想加入 Modu。因此，我们得以招募到最优秀的员工。在招进来的这批人中，有一些就是“跳槽族”，他们跳上了 Modu 这辆快速行驶的大巴车……

随着时间的流逝，公司不得不节约成本。从哪里下手呢？答案是那些对公司来说无关紧要的人，也就是不那么称职的员工。公司上一年过得很艰难，预算被削减，生存的希望也变得渺茫。当人手变少，工作量却增加时，压力就如潮水般袭来。离开的人除了被解聘的员工，还有主动提出辞职的员工。他们或是无法承受当前的压力，或是想要一份更稳定的工作。可能也有员工觉得自己创业的时机成熟了。

大浪淘沙，留下的是最优秀和最忠诚的员工。当 Modu 停止营业时，这些员工——有十来个人吧——找到我，对我说：“我们这些人还想一起工作，而且想继续跟着你干。我们该怎么办呢？”我毫不犹豫地说：“那就一起干吧！”在一个小村子里，我们找到了一块地方，并在 Modu 关门之后马上成立了 Comigo。目前，Comigo 运转良好（但这来之不易，因为之前的危机让我们元气大伤）。

当然，这支优秀的团队后来又招募到了更多优秀的员工。在我的其他公司中，包括我的风险投资基金 Grove Ventures，团队也发展壮大起来。我相信这都得益于我们创造的组织文化和价值观，让我们招聘到了合适的人。“以人为本”的道理在许多层面适用。

我一手组建了团队，并倾尽全力培养和鼓励我的同伴。这样建立起来的伙伴关系才是历久弥坚的。

正如关系是相互的，忠诚也是双向的。

当组建团队时，你也在建立忠诚和伙伴关系，你必须明白这一点。这意味着你要找到对的同伴，并善待他们。你们要同甘共苦，并向彼此敞开心扉。但首先你要忠于自己，忠于初心，并忠于团队。

4.4 下放权力

Comigo 的管理层例会在每周日上午召开（以色列的工作日是从周日到周四）。

由于远在翁根，因此我通过 Skype 和其他人进行电话会议，但是信号不好，时断时续。不过我不担心，因为有莫蒂在主持会议。这次会议的议题和销售有关，莫蒂主持得相当不错。即使我不在公司里，一切也都有条不紊地运行着，这岂不是挺好？

优秀的管理者能将组织培养得独立自主，即使没有他也能照常运转。我管理公司多年之后才悟出这个道理来。（也就是说，公司有我没我都一样。）

当我年轻时，如果有人这么跟我说，我可能只会一脸疑惑地盯着他。既然公司有我没我都一样，那我还待在公司里干什么呢？

在创业初期，你不得不施展三头六臂，事无巨细且事必躬亲。你基本上别无选择，因为人手不够。因此，你在这个时期不得不身兼数职：首席执行官、销售副总裁、研发副总裁，等等。如果公司没有首席技术官，那么你也得顶上去。公司新买了几张办公桌，你要帮忙抬进来，再顺手粉刷一下办公室的墙壁。你的决策可能详细到要买什么样的烤面包机：4个槽口的，可供两个人同时操作；或者两个槽口的，让每个人轮流操作。

随着公司发展壮大，你要做的决策也在变化。你已经在创业之路上越走越远，而你要接触的人也远比创业初期更复杂。如果路线判断错误，那你要承担的后果也会更加严重。如果还像起初那样事必躬亲，那么你就没有时间来思考更重要的事情。这个时期，你应该关注“**大方向正确**”，而非“尽量少犯错”。当然，你最好能一直做出正确的决策，但这不现实。应该让其他人为你做次要的决策。等你的公司发展起来，有了更多的员工，你就可以让直接下属将权力下放给**他们**的下属。这样，他们也能腾出时间来做更重要的决策。

Comigo 公司刚成立时，莫蒂担任研发副总裁，他工作很出色。随着时间的推移，公司规模逐渐扩大，我们忽然拥有了强大的生产力。我们需要一位懂技术的首席技术官。同时，质量控制也变得越发重要，是时候让它从研发部门中独立出来了。此外，鉴于 Comigo 是一家制造企业[①]，我们还需要一位工程副总裁和一位运营副总裁。难道这些都要归我管吗？那市场部门呢？业务发展部门和销售部门又该谁管？于是，我任命莫蒂为首席运营官，后来又让他担任首席执行官。

从研发副总裁转型为首席运营官和首席执行官，这个过程并不轻松。想象一下，你习惯于审阅业务发展计划，也知道每个人都在做什么，以及为何这样做。相比于之前研发副总裁的工作，你现在的这份工作要好得多，曾经平级的同事成了你的下属，你告诉他们每个任务需要多久完成，什么更困难，什么更轻松。

① 的确，所有的公司都会参与制造，我的意思是除了生产软件以外，我们还制造硬件设备。

转型并非易事，对莫蒂这样的完美主义者来说尤其如此。他新上任的头几个月里，他所有的下属几乎都来找过我，不停地问我为什么莫蒂要从头到脚地管着他们。我知道困难会过去的，也相信莫蒂能挺过这个阶段。现在我听说了他的管理方式：如何管理销售部门、指导运营团队、调整业务发展计划，等等。这非常有意思。他俨然已经蜕变为标准的首席执行官了。

“说到哪儿了？该死，信号又断了。”

4.5 董事会

我现任 Comigo 公司董事长。对于董事会的职能，尤其是董事长的职责，我有自己的看法。

在某些公司，董事会实际上是高级管理层。也就是说，首席执行官向董事会汇报，董事会则经常召开会议。董事会不仅掌控首席执行官方方面面的工作，还聘请顾问帮助公司制定战略。除此之外，董事会还参与公司的品牌建设及其他一切事务……这种方式是否合理呢？

2007 年初，我被任命为 Tower Semiconductor 公司的董事长。这是一家位于以色列北部小城米格达勒埃梅克的半导体芯片制造商。前任董事长显然是一个非常能干的人，他是全职董事会主席，每周会去公司两次，并与首席执行官罗素一起参加管理层会议。（其他时间，他会待在 The Israel Corporation，正是这家公司任命他为 Tower Semiconductor 的董事长。）正式上任前，我向罗素明确表示，自己打算最多每两周与他会一次面，地点既可以是公司，也可以是我在卡法萨巴的家。罗素欣然接受。后来，他向我分享了自己之前的一些感受，说要在董事会宣布自己的决定十分困难，因为上一位董事长可能做出截然相反的决定。尽管我并没有以董事长的身份参加过 Tower Semiconductor 的任何管理层会议（定期战略研讨会除外），但我认为自己对公司的恢复和稳定做出了巨大贡献。

上任之后，等待我的最大惊喜是公司的董事会会议。出席会议的有几位十分睿智的业内人士，他们分别代表早在 2000 年就投资 Tower Semiconductor 的 4 家半导体制造公司。闪迪公司的联合创始人埃利·哈拉里也是董事之一（闪迪也曾是 Tower Semiconductor 的投资方）。董事会每季度召开一次为期半天的会议。在会议上，罗素会呈上一份 200 页长的演示文稿，其中每一页至少包含 15 行文字，意在详细说明公司自上次董事会会议以来的活动，以及接下来针对每个潜在客户的计划。

然后，睿智的董事们会说："忘记他们吧，他们可没钱。""你应该在这个客户身上努把力，在那个项目上多安排两个人。""为什么才安排两个？我认为该安排 4 个。"我坐在会议室里静静地听着这些对话，简直惊呆了。第一次参加董事会会议时，我甚至搞不清楚状况，以为自己进错了门。与那些钻研价格和客户细节的家伙相比，我觉得自己很无知。

不过，我想起了一件事：这些人都在 Tower Semiconductor 估值 10 亿美元时投资了这家公司。现在，公司处于破产边缘。这些聪明人或许擅长制造微芯片，但他们在把公司引向何方呢？

不出一年，代表那 4 家半导体制造公司的投资人都离开了董事会；罗素的演示文稿缩减到几十页；董事会的议题变成公司的未来，董事们会在罗素做完报告之后点点头，仅此而已（除了在必要时予以纠正）。两年半之后，我卸任 Tower Semiconductor 董事长，并出任 Modu 公司首席执行官。当我将董事长这把交椅转给阿米尔·埃尔斯坦时，Tower Semiconductor 已经是一家发展稳定、未来可期的公司，它正准备进行一次重大的收购，也有了稳定的现金流及银行还款计划。最重要的是，它为住在米格达勒埃梅克的上千人提供了很好的工作场所。但这些成就都不是我的功劳，我只是放手让罗素和他的员工做好本职工作而已。

对于董事会的职能，我究竟有何看法呢？

一言以蔽之，**董事会的职能是仅在必要时才充当首席执行官**。

作为企业家，你必须向董事会汇报，让董事长了解总体情况，向他咨询应该为董事会呈现什么内容，以及以何种方式呈现。你必须向董事会提交策略、任务和预算，而且必须报告自己的业绩与计划的差异。“应对”董事会是一项后天习得的重要技能。出色的董事会将为你提供建议和人脉关系，但请永远不要忘记上一段对董事会职能的定义。

理解董事会的职能之后，就要组建出色的董事会，使董事们不只是在季度会议或年度会议上机械式地点点头。出色的董事会可以通过下列几个方面确保公司不会走向失败。（带领公司走向成功则是你的责任！）

- ❑ 引领你走上正确的路。
- ❑ 有能力决定哪些机会应该或可以忽略。
- ❑ 当你跌跌撞撞地在迷宫中摸索时，愿意给你指明方向。
- ❑ 利用董事会成员积累的经验，帮助你避开陷阱。
- ❑ 在你不能与公司内部的人讨论某些事情时，成为你的倾诉对象。将董事长或某一位董事变成你的知己。

4.6 偶尔需事必躬亲

下放权力是很好的做法，但这并不能免除你作为企业家或管理者的责任。偶尔，你需要做到**事必躬亲**，即使公司正处于良性发展阶段，也要如此。

我曾经与一家塑料袋制造公司的首席执行官有过一面之缘。苹果公司正是采用了这家制造商的小塑料袋包装耳塞。没错，这家公司生产的是塑料袋，不是耳塞。这位首席执行官告诉我，自己见过乔布斯。原来，当他带着样品袋去苹果公司时，接见他的人正是乔布斯。乔布斯试着打开一个袋子，然后说道："我不喜欢打开这款塑料袋时的声音。重做。"

我自己见识过软银集团董事长孙正义如何做到事无巨细。软银是世界领先的通信和投资实体，市值高达数百亿美元。孙正义十分了不起，他或许是世界上最优秀的企业家之一，毫无疑问也是最富创造力的人之一。当时，他想看看 Modu 为他的公司做的模型，其上有 Hello Kitty 的图案。他给的意见非常具体，甚至说到 Hello Kitty 耳朵的绘制角度。

在 Modu 的一次管理层会议上，有人问我："你确定要深入了解这些细节吗？"

"是的。"我闭着眼睛答道，同时试着想给他举个例子。我忆起发生在自己身上的一件事，它与以色列国防军将领拉斐尔·埃坦和阿维格多·本–贾勒也有关。忽然间，我被记忆带回到 35 年前……

以下这则故事与我的从军生涯有关，我将以此说明一个道理。

4.7 为何我没能征服黑门山

第四次中东战争是指于 1973 年 10 月 6 日至 25 日发生在以色列、埃及和叙利亚之间的那场战争。战斗始于以方阵地被突袭，开战当日恰逢“赎罪日”，这对犹太人来说是最神圣的日子。交战地点主要在西奈和戈兰高地，而实际上，戈兰高地的战斗一直持续到 1974 年 6 月。

历经战争的戈兰高地被严冬笼罩。

当时，我们驻扎在纳法赫，这是一个位于戈兰高地的军事基地，离叙利亚边境相对较远，几乎可以算是后方基地。在这场消耗战中，爆炸事件频发，有大量人员伤亡，但我们相对受保护的环境仿若“世外桃源”。4 个月前，18 岁的我还是平民，正等着上大学。我本应在 3 个月内通过基础培训，然后在作为工程师开始长期服役前去以色列理工学院学习。但是战争改变了很多人的计划……

战争开始后不久，以色列国防军急需坦克兵。当时根本没有其他人，所以我们这些学生就在 1973 年 10 月被征召入伍。我们经过 4 周的基础训练，在朱利斯装甲部队训练营又待了 4 周，随后在西奈半岛进行了为期 4 周的训练，当时那里比较安静。3 个月内，我们就被派往戈兰高地应对叙利亚的轰击。

我身在第 188 旅，这是遭受轰击最严重的旅。也许正是因为这个原因，该旅才被派去攻占黑门山位于叙利亚的一侧。来到戈兰高地两周后的一天，上士赫什科喊了几个名字，其中包括我。他喊道：“5 分钟内向连长报告。”原来，我们被分为 3 个坦克小组：指挥官的小组、副指挥官的小组，以及上士赫什科的小组。我被分在赫什科的小组，负责驾驶坦克。赫什科既是上士，也是一位令人钦佩的指挥官。

“伙计们，”赫什科说道，“我们被选中参加攻占黑门山叙利亚一侧的行动。几辆坦克运输车正在路上。我们要把坦克装上车，以防履带磨损。

坦克运输车会把我们尽量往北方带，我们会停下来过夜。最近几周，工程兵秘密开辟了一条通道。我们将在那里与戈兰尼旅的一个营会合，在与敌人近在咫尺的地方发起突袭。”

那是 1974 年，以色列国防军士兵的装备仍然不足以抵御严寒。但为了这次行动，我们领到了雪衣和充气鞋。我记得当时担心自己穿上那身衣服后进不去坦克驾驶舱，但我还是成功地挤了进去。终于，坦克运输车来了。在西奈训练时，我在模拟器上练习过将坦克开上运输车。指挥官冲我大喊大叫，说如果像我那样操作，坦克就会从运输车上掉下来。我心想，他肯定对每个人都这么说。这就是典型的 18 岁孩子的傲慢。

对着运输车，我一踩油门。“慢点儿！慢点儿！”指挥官朝我喊道。做了几次转向调整后，我把坦克开到了运输车的面前。然后，坦克慢慢地向前移动，开始往运输车上爬。而此时作为坦克驾驶员的我，视线只能看到天空中的云朵。对坦克驾驶员来说，这真是千钧一发的时刻：我的坦克要掉下去了吗？也许应该向后倒一点才能对准运输车？指挥官在喊什么啊？无论如何，我最后还是把坦克开上了运输车。

就这样，我们出发了。天色已晚，坦克运输车在行进至某处后停了下来。与上车相比，下车要容易些：挂倒挡，倒车即可。其间有 3 秒钟，坦克以 45 度角向后移动，我根本什么都看不见。不过很快，我就把坦克倒回地面（实际上是雪地）。

黑暗中，3 辆坦克排成一列行进，我们并没有开车灯。直到我们抵达一处废弃的建筑时，指挥官才说道：“我们在这里与戈兰尼营会合。在他们到达之前，你们最好睡个好觉。明天会是艰难的一天。”夜越来越深，我却辗转难眠。驻扎地外人来人往。我们没有携带无线电设备，因为不能冒着被叙军发现的危险。最后一份报告称：“由于天气原因，行动推迟一天。”

黎明时分，我终于进入梦乡，醒来时已是早晨，被白雪覆盖的黑门山在我眼前闪闪发亮。只听指挥官说道："走了，走了，伙计们，还有很多工作要做。我们必须对坦克进行全面的维护，不放过任何细节。今晚，我们就要去一条陡峭的雪道，那条雪道差不多只有坦克车身那么宽。一不小心，坦克就会摔下悬崖。如果出现一个技术问题，我们就都得死。不会有时间或地方让我们维修损坏的坦克。"

于是，我们疯狂地工作。坦克的维护有数不清的步骤，我们需要拧紧螺钉、润滑铰链。每个人的工作都马马虎虎——指挥官有多大可能性会发现你没有真的给油箱盖下面的 43 号阀涂润滑油呢？除非躺在地上面朝电池并伸出手臂，否则根本够不到 43 号阀。这就是和平时期的情况。在战争中，人们更会马马虎虎："别管了，别管了。打完仗之后，我们会给坦克好好维护一番的。"

不过这次，我们对坦克进行了彻底的保养，这样做既是发自内心，也是出于恐惧。我们一直干了好几个钟头，直到拉斐尔·埃坦和阿维格多·本–贾勒在傍晚时分来视察。拉斐尔是北区的总指挥官，阿维格多则是我们的师长。那种感觉就像迎接上帝和他的副手到来。

我们 4 人一组地列于坦克前，拉斐尔和阿维格多瞥了我们一眼。阿维格多问我："你是否确定所有的履带销都插好了？"

"是的，长官。"我回答。

"让我看看。"他一边说着，一边走近坦克检查——每侧有 80 根履带销，即每辆坦克有 160 根，3 辆共 480 根。

显然，拉斐尔和阿维格多的发现令他们不满意。

拉斐尔转身对着我们的指挥官问道："说，这些新兵来了多久？"指挥官简单地一一介绍了我们几个新兵。说到我和队里的另外两人时，他说："他们是工程系的学生，被调到这里，人都还不错。"

"你当兵多久了？"拉斐尔对着我们中的一位问道。

“差不多 4 个月。”那家伙回答。

“什么？”拉斐尔瞪大眼睛对指挥官说道，“这些兵都还没真刀真枪地上过战场？我不管，把他们送回去，给我找 3 个老兵来。”

至今，我仍然记得自己坐着敞篷吉普车回纳法赫的情景。我和其他几个新兵都很沮丧。不仅如此，我们还很生气，而且快被冻僵了——雪衣被收走了。我们不禁埋怨拉斐尔和阿维格多：“那两个怪老头懂什么？他们为什么要插嘴？”

拉斐尔和阿维格多的决定是否正确呢？

很可能是正确的。

最终，我开过的那辆坦克掉下深渊。他们找来替代我的那个经验丰富的坦克驾驶员没开稳，坦克滚下山崖。当坦克好不容易不再往下滚时，那些家伙跳了出来。他们担心如果把它和其他坦克拴在一起，会全军覆没。所以，作战指挥官下令弃车，任它坠毁在山谷里。如果我们把坦克留在路边，就会被叙军发现。这一切都是在雪地里当即决定的，因为担心叙军发现坦克并朝我们开火。毫无疑问，那是有史以来毁掉的维护得最彻底的坦克。（顺便说一句，如果有人发现了那辆坦克，帮我看看驾驶舱，找找我刚入伍几个月时写的日记是否还在放地图的抽屉里。）**如果我没有被换下来，或许也无法开稳坦克，因为自己缺乏经验。在那样高度紧张的时刻，我开着的坦克可能直接滑入万丈深渊，整个队伍都得丧命。**

顺便说一句，以军在未与叙军交战的情况下就占领了黑门山叙利亚一侧。显然，由于无法将补给物资送到驻扎地，再加上天寒地冻，叙军只好放弃了阵地。他们只是在以军接近时，从远处炮击。我的指挥官赫什科被炮弹碎片击中膝盖。后来，我再也没有见过他。

而且，如果我在现场，很可能不知道要卧倒，而是会愚蠢地站在原地，任凭炮弹把我的脑袋炸开花。任何真正上过战场的人，或年龄比我稍大的

人（当时真是度日如年），抑或比我少一丝傲慢的人，都比我更清楚应该如何做……

以上就是我没能征服黑门山的原因。即便如此，我仍活着，并且还收获了管理方面的一个教训：指挥官和管理者有时必须注重细节，即便是履带销也不要放过……

另一个有趣的巧合是：我曾在“随聊”电子邮件系列中与朋友们分享过这桩轶事。虽然并非刻意为之，但这则关于第 188 旅的故事恰巧是第 188 封“随聊”电子邮件……

第 5 章

想　　法

5.1 好想法从何而来

如果知道一种能想出绝妙点子的方法，我可能就会坐在家中每天想一个新点子，然后将使用权卖给出价最高的人，凭此过着舒坦的日子。

然而，并不存在想出好点子的心理技术。

理论上，想出好点子有个工作流程，业界称之为头脑风暴。有些公司发起头脑风暴会议来提出好点子。为了想出好点子，他们设置了专门的委员会和形式，但这丝毫不起作用！如果一家公司想要激发创造力，就不应该设置专门的委员会和形式。相反，它首先需要营造这样一个环境：公司**期望**员工提出好点子，并且员工知道公司对他们有此期望。对此有帮助的一个做法是让每个员工都知道，没有什么想法是愚蠢的。即使这一次没能提出绝妙的想法，也没关系，说不定下一次就可以。

在 M-Systems 创立之初，我们并没有任何聪明的想法，完全是偶然想到了闪存盘这个点子，并且意外获得了成功。

Modu 的创立则是基于一个绝妙的想法：模块化手机。这个想法实在是太妙了，以至于在 Modu 倒闭 4 年后，谷歌还在试图实现它（这就是前途未卜的 Ara 项目[①]）。Modu 和它伟大的想法后来怎么样了呢？都失败了。

为了说明想出创意这件事有多难，我来讲一个小故事。我曾经有一个关于产品的想法，令人意外的是，它在另一个领域得到了实现。这证明，想法有它自己的生命。

1993 年，我在当时最大的计算机博览会 COMDEX 上发明了 DiskOnChip。

那是 M-Systems 首次参加 COMDEX 这个大型博览会。我们展示的产品是 PCMCIA 卡（PCMCIA 代表 Personal Computer Memory Card International

① 事实上，谷歌在 2016 年 9 月 2 日向媒体确认，已经暂停对模块化手机的研发工作。——编者注

Association，即个人计算机存储卡国际协会，又叫 ATNNWR，即 A Terrible Name Nobody Will Remember，意为“一个没人记得住的糟糕名字”）。它是一款容量为 8MB 的闪存卡（没错！8MB，大约能存储两首歌）。

当时的市场非常小。英特尔公司供应组件，并且是存储卡市场上的主要厂商。他们几乎以卖给我们的组件的成本价销售自己的存储卡，所以我们并没有机会赢他们，并且就算我们真的售出了闪存卡（销量非常小），利润也将极低。我们小有名气的原因是，我们的卡比英特尔的快。这要感谢我的合伙人阿里耶·马吉发明的一项智能技术。（他真是太棒了！）但事实上，它并没有像我们预期的那样掀起太大的浪花。

我们站在 COMDEX 会场，满怀希望和期待。谢尔登·艾德森（没错，当时 COMDEX 是由艾德森主办的）几乎免费为以色列人提供展位，但展位的位置很不好。M-Systems 的展位在一个偏僻的小角落。我们站了几个小时，一个人也没有来，这太令人沮丧了……所以，我开始到处闲逛，想看看微软（当时无可争辩的“展会之王”）、英特尔、戴尔和惠普在展示什么产品。我太想有一个像他们那样的产品了，这样就能够立于会场中央。

第 3 天展览结束时，我走回了公司在拉斯维加斯城外找的旅馆（我们没钱住体面的酒店），因为又在展位站了一天却一无所获而垂头丧气。我多么希望自己有一款产品能够成为那些计算机的一部分。我走着走着，DiskOnChip 的想法突然冒了出来。回到房间，我立即将这个想法在纸上记录了下来。当时还没有电子邮箱，我甚至连一台笔记本计算机都没有。我是用旅馆提供的信纸和笔手写下来的，包括 DiskOnChip 这个名称。巧的是，我写错了。正确的写法应该是 Disk On a Chip。但多亏了这个语法错误，我们才得以给它注册了商标。

这到底是一个什么样的想法呢？每台计算机都有一个名叫 BIOS（basic I/O system，基本输入输出系统）的存储组件，其中包含了每次开机时 CPU（central processing unit，中央处理器）运行的代码。该代码检查计算机，并将操作系统从磁盘加载到RAM（random-access memory，随机存储器）。BIOS还包含基本的操作系统组件，用来与硬件连接。这些组件要么采用闪存技术，要么采用EPROM（erasable programmable read-only memory，可擦除可编程只读存储器）。我的想法是用一种基于闪存技术的组件替代它们，这种组件的一部分可用作BIOS，另一部分可用作小型磁盘。

为什么人们需要这样的小型磁盘呢？坦白地说，我也不太确定。我只是一心想开发一款计算机组件。我不想再为军用市场开发产品了，也不想再基于英特尔的组件开发与其产品相竞争的存储卡了。

回到以色列后，我跟大家分享了自己的想法。罗尼·列维当时在M-Systems的一个子公司工作，才华横溢的他说道："耶！算我一个！"他确实参与了。

最终的产品并没有像我想的那样进入个人计算机市场。然而，确实存在一些类型的计算机，它们作为嵌入式系统成为了某些产品的核心：通信系统、工业机器人等。这些计算机（Ampro是行业领先的制造商，他们非常喜欢我们）确实需要小型磁盘。这个市场找到了我们，在随后的几年里，我们成为了非正式标准。这并不是我的初衷，但谁在乎呢？

1999年，一个新的市场开放了，即互联网设备市场：用于冰箱的计算机、用于电梯的能够更新的计算机，等等。所有这些系统也都不需要真正的磁盘，DiskOnChip也几乎成为了这个行业的标准。这算是我们取得的巨大成功吗？还不算。

到了2000年，这个行业已在飞速发展。每个人都在谈论互联网。一个新的流行词出现了：互联网设备。互联网概念股疯涨。（M-Systems的股票也不例外。稍后会讲到，我们抓住机会募集了一大笔资金，这是何等幸运啊……）但是，2001年，这个市场崩盘了，然后就销声匿迹了（一消失就是15年）。

DiskOnChip 怎么样了呢？2001 年年中的一天夜里，我在办公室看一份令人惊异的报告（我们的信息系统小组写了很多精彩的报告，他们在公司的成功中扮演着重要角色）。我看到了预测，并将它跟上一周的预测以及上个月的预测相比较。我发现，预测中的下滑趋势明显。我还看到，有客户在 2000 年购买了产品，却还没付款（顺便说一句，一直到今天也没支付）。我并不关心销售人员找来的那些客户。但是，开发一块在冰箱上更新孩子课程表的计算机显示屏，我对这个想法的热情莫名其妙地消减了。现在该怎么办？

次日，我召集管理层开会。我的开场白是：“**互联网设备已死。我们要转战手机市场。**”其他人不可思议地看着我。我们谈了 3 个小时。结果，我没能说服他们，**连一个人也没说服！**最终，我不顾他们的意见，坚持进军手机市场。（我一生中从没有像这次这样，在没能说服大多数人或者至少是相当一部分人的情况下，毅然做出了一个重要的决定。）

我们在 DiskOnChip 的基础上开发了一款新组件：Mobile DiskOnChip（MDOC）。MDOC 在智能手机市场上取得了巨大成功，这个市场正在开始演变。我们最开始与 HTC 合作（哇！这是一家相当大胆的创新型公司），随后是诺基亚（多亏了阿里耶的不懈努力），之后是摩托罗拉、三星、LG 和惠普。这简直太棒了！

MDOC 是我一生中取得的最了不起的技术成就。如果我没有想到这个点子，可能直到今天，标准的电话架构仍然只会基于英特尔的存储组件（作为系统的核心），并采用一张存储卡作为存储数据和文件的“磁盘”。那是当时的架构，而我们颠覆了这一概念，证明了同一个存储组件不仅可以存储代码，而且还可以存储数据。我们用一个成本更低、速度更快、耗电更少的解决方案，为世界上的每一部手机都节省了几美元。想一想，用这个数再乘以每年数以亿计的手机产量……

你从这个故事中能学到什么呢？

我最开始想到的是一个关于组件的小点子，而这个组件要集成到计算机中。后来，这个点子逐渐演变成了智能手机技术的核心，并且取得了巨大的成功。**这说明什么呢？一切取决于运气？重要的不是想法，而是执行？**

都不是。如果我们没在专业文献中了解到闪存技术（当时我们看的是 *EE Times* 杂志，如今有数十亿个网站可看），就根本不可能开始做闪存盘。如果阿里耶不是个有天赋的工程师，我们就不会利用闪存这个概念做出富有成效的事。当时，我们根据市场进行自我调整。如果我没有在 1993 年的 COMDEX 上萌生开发计算机组件的想法，也就不会有 DiskOnChip，更不会有后来的 MDOC。当然，我们的运气也不错，这是出乎意料的。我们从个人计算机市场转向手机市场（闪迪做的则是数码相机，因而错过了这个市场）。多亏了我们对电话架构有深刻的了解和理解，才给市场带来了创新。

那个引领 M-Systems 走向成功的想法源自哪里呢？源自绝望。源自我们在 COMDEX 上备受冷落，无人问津。最初发明 DiskOnChip 以及随后进入手机市场时，都是如此。

不要等着想法自己跑到你的脑袋里。要研究，要阅读，要不断地尝试。要和你周围的人沟通。最重要的是，要睁开你的双眼。我们周围有很多的问题，它们伴随着我们的生活，就好像本应如此一样（因此有时我们甚至不会称其为“问题”）。但是，如果你想成为发明者——优秀的发明者会自动成为企业家——就要将每个问题当成一个挑战，当成发明的基础。

还有，不要害怕……

不要害怕被人称为傻瓜。（你是傻瓜吗？他们才是！）不要害怕偶尔犯错。不要害怕创业之路上的掠食者。

5.2 创意的诞生：DiskOnKey

DiskOnKey 其实是一款 USB 闪存驱动器。

1998 年的一天，我乘坐飞机去纽约参加一个会议。该会议是由 Oppenheimer 和 CIBC 为在纳斯达克上市的以色列高新技术公司组织的。每位演讲者有 30 分钟的发言时间和 15 分钟的问答时间。

在飞机上，我打开笔记本计算机，看了看演讲稿，稍作修改，然后在心里默默地练习演讲（我周围的人都在睡觉）。之后，我合上笔记本计算机，试着睡了一会儿，为次日的演讲养精蓄锐。

下了飞机，我直接赶往会场。我是第一波演讲者，所以和其他几位演讲者坐在了第一排。轮到我时，我给笔记本计算机插上电源，又连上投影仪……结果一点儿反应也没有。

怎么回事？我以为自己在飞机上关机了，但事实上并没有——笔记本计算机一直在工作，直到电池电量耗尽。电量用了个精光（顺便说一下，这是大约 20 年前的事了），以至于插上电后，笔记本计算机也无法启动，显然电流完全被电池“吸干”了。

我该怎么办？我站在演讲台上，台下有 400 双眼睛盯着我。我检查了所有的连接处，一切都没问题。我按下开机键，却一点儿反应也没有。

时间在一分一秒地流逝，所有人都在等着我开口。台下观众等得不耐烦，已经开始骚动了。

我是不是应该直接开始演讲，不用演讲稿了？我不能这么做，因为我要展示的是一家上市公司。我说的每一句话都必须精准。我必须展现数字，而且绝不能展现错误的数字。

我不禁在心里骂起了脏话。我感觉到汗水在顺着后背往下流。坐在第一排的那个在我之后演讲的人说：“你可以用我的计算机。”

我很感谢他的热心帮助，但我的计算机没有反应，如何将我的演讲稿传输到他的计算机上呢?

天无绝人之路。我的计算机突然“活”过来了。我用了一分半钟加载演讲稿（太“感谢”微软了），然后开始演讲。（顺便说一句，我的演讲非常糟糕，但至少好过压根没演讲。）

就在断开计算机和投影仪的连接，并拔掉插头的那一刻，我下定决心，以后参加演讲时，一定要做好演讲稿的备份。

从那之后，一切就变得容易了。

在那个年代，你可以把演讲稿保存在软盘中，软盘是当时最常用的可移动数据存储系统。但它的容量通常只有 1.44MB，实在太小了。光盘也可以在飞机上使用，但很贵，也不方便。可移动硬盘也非常昂贵，而且太大了。还有什么可用呢?

于是，我们发明了 DiskOnKey。

这个故事中的一个主要的经验教训是：**需求是发明之母**（至少对我来说如此）。我有一项需求，于是有了解决方案。

但对任何一个想发明新产品，从而让世界变得更美好的人来说，还有一个重要的经验教训。DiskOnKey 这个发明不是凭空想出来的。我能做出这个发明，是因为我既知道什么是闪存，也知道 USB 即将火爆计算机市场（取代当时作为标准的 RS-232 串行接口），还知道闪存盘可以模拟磁盘的功能。

我想说的是，**任何人都可以做发明**。你需要留心需求，包括你自己的和他人的。

还有一点：要想做出发明，你还需要对技术有深入的了解，知道身边发生的事，以及你可以做什么、如何做。电影明星发明跳频技术的故事是个罕见的例外（这是发生在第二次世界大战期间的真人真事，故事的主角是海迪·拉马尔）。一般来说，好的技术想法是由深入了解技术的工程师提出的。

当你有了孩子之后，送他们上学，并告诉他们，如果想发明新事物，首先得对已有事物有深入的理解。

我不是爱因斯坦，而且也难以望其项背。爱因斯坦提出了相对论，相当了不起。但他是怎么想到的呢？他究竟为何要苦苦钻研有关光速的问题？他怎么知道在高速情况下，"距离等于速度乘以时间"就会变得不太准确？难道他一路全速前往未婚妻父母的家，却仍然迟到了？

也许你是那种独自坐在黑暗房间（或者苏黎世专利局）中的发明家，每隔几个小时就能想出一个关于如何改善或理解世界的点子。也许你是像我一样的普通人，需要**留心观察周遭世界以发现问题，需要了解并使用技术，需要结识身处技术环境中的人，并且经常使用现代技术**。或许也可以去一所好学校学习工程学和其他科学知识。

5.3 幻想

如果你有个好的产品点子，必须对它充满幻想。

每一天，每一分，每一秒，你都要幻想。

你必须**梦想和幻想**着：

- 人们会使用它；
- 它会变得很普遍；
- 如果它是一款应用程序，应如何触达 10 亿用户；
- 用户对它的出现有多么满意和开心；
- 如果它是一款实体产品，就幻想一下人们在百思买门店排着长队等待购买的场景……（哎呀！时代已经变了，没人会在百思买门店排队了，那就幻想一下电商网站快速大量供货的压力。）

如果你真的对自己的产品充满幻想，就一定能够用你的梦想感染你的合伙人、你的员工，当然，还有你的投资人。

我在 Modu 的时候，某著名财经杂志的一位记者打电话来，想请我通过电子邮件回答她几个问题。她当时正在写一个关于“杰出商人”的幻想的故事（“杰出商人”这个定义令我退缩了，因为我并不认为自己能跻身这个行列）。但无论如何，我答应了她的请求。下面是她的问题和我的回答。

问：你有什么幻想吗？

答：**我没有任何幻想，但有一个可以实现的梦想……我的梦想是开发出一款以色列手机——Modu。它会给通信市场带来巨大的改变，会给（全世界的）用户、以色列以及 Modu 的员工和投资人带来很多好处。**

问：为什么你还没有实现这个梦想呢？

答：**这只是时间问题。我正在实现的过程中。**

问：你认为自己能实现这个梦想吗？

答：**当然。如果我没有信心，就不会投入我全部的时间、金钱和精力。**

第二天，我收到了一封邮件。该杂志并不喜欢我的梦想。他们期待的是更新奇、更有个性的梦想……我的梦想最终没能出现在杂志上。

我的 Modu 梦想最终并没有实现。我们已经意识到，即便事事都做对，也不一定会取得成功。当然，在 Modu，我们并没有把事事都做对。

做发明时，要敢于梦想。还要找一个团队和你一起“做梦”。要把你的梦想变成切实可行的计划，这样做会使你离成功之门更近一步。

5.4 热情

当你有一个点子的时候，要敢于梦想，而且梦想要远大！

在 Modu 的早期，我给员工发了下面这封邮件。

本周，我无意中看到了达尔文说过的一句话："自然界中生存下来的物种，并不是最强壮的，也不是最聪明的，而是**最能适应变化**的。"

不妨从公司、高管或团队实现某个目标的角度思考这句话。哪怕是对于夫妻，这句话也很适用！

在我看来，更准确的说法是，生存得最好的（之所以这么说，是因为你可能生存得很糟糕）不一定是能够自我改变的，而是能够**发起改变**的。

我和你会改变世界的[①]**，对吧？**

在 Modu，我们试图改变世界，但没有成功。正如我最喜欢的一首歌里唱的："他们之前就说过，但我不在乎。"[②]因为正处于**改变世界**的模式，所以我们是有机会改变世界的（不幸的是，我错过了这个机会）。在 Modu 之后，出现了许多创业公司，这一点不足为奇。我用我的执着感染了很多员工，我相信梦想是有可能实现的。

所以，要尝试创造一些令人惊艳的东西，哪怕它无法改变世界。它可以改变小镇的夜生活，改造本地的医院，改善某种疾病患者的生活，或者改善你孩子就读的学校。

有时候，它能做到；有时候，它做不到。**当你对它满怀热情时，就会发现有更多扇机遇之门向你敞开。**

5.5 有时凭糟糕的想法也能成功

我的朋友埃利·哈拉里是闪迪公司的创始人之一，他给我讲了一个疯狂的故事。

---

① 源自以色列最受喜爱的已故歌手阿里克·爱因斯坦的一首经典歌曲。

② 同上。

埃利创立了 WSI（Wafer Scale Integration）公司。当时，他正在为一个问题寻找解决方案：要想删除一个包含系统代码的内存组件，必须将它从系统中拔出，让它接受紫外线的照射。（是的，有些年长的读者可能记得，过去内存就是用这种方式删除的！）埃利被“闪存元件”的概念所吸引。当 WSI 董事会拒绝在公司盈利之前开始新的冒险时，埃利毅然决定辞职并创立一家新公司——闪迪。他的目标是让新公司基于闪存技术开发固态硬盘（SSD），从而取代传统的硬盘。创立公司的第一步是寻找投资人。当时是 1988 年，硅谷已经有风险投资人了，但为数不多。埃利找到了红杉资本，这是硅谷最好的投资基金之一。红杉资本认真讨论了他的请求。与此同时，英特尔推出了自己的闪存元件。红杉资本回复埃利说，创立公司需要太多资金了，所以建议他在开发 SSD 时采用英特尔的闪存元件，这样做可以少筹点款。

埃利不想这么做。他不得不写一份详细的文档来解释为什么不能用英特尔的闪存元件来构建 SSD：块的大小、删除时间、电源……这份文档极有说服力，结果红杉资本给闪迪公司投了更多的钱，超出了开发组件和 SSD 所需的花销。然后，M-Systems 公司问世了，我们的 SSD 基于……英特尔的闪存元件。

埃利以他一贯幽默的方式对我说，几年来，他向红杉资本隐瞒了 M-Systems 的存在。幸运的是，M-Systems 没有弄出多大动静，红杉资本也从没听说过我们。许多年后，闪迪公司收购了 M-Systems。

M-Systems 做的是系统（system），所以公司名称带有 system。闪迪做的是芯片，这也体现在了公司名称之中（SanDisk）。Sand 其实就是指硅，它是制造芯片的原材料之一。SanDisk 这个名字非常适合这家公司，但它并不是公司最初的名称。SanDisk 最初叫 SunDisk。当时，公司的标志中绘有太阳和阳光。几年后，Sun Microsystems 公司声称人们会混淆两家公司。于是，埃利将 Sun 换成了 San，得到了一个更好的名字。

顺便问一句，Sun Microsystems 公司如今在哪儿？谁知道呢？但现在另一家公司坐落在 Sun Microsystems 公司之前庞大的建筑群中，这家公司便是 Facebook。风水轮流转……如今哪家公司更有名，是闪迪还是 Sun Microsystems？

如前所述，闪迪计划开发的第一款产品是 SSD，这是一款基于闪存技术的计算机硬盘。但很快，闪迪便开始开发内存卡，将目标转向了数码相机和音乐播放器。闪迪将大部分精力和资金都投入到了开发闪存元件中，但最终放弃了这个并不恰当的目标，同时也抛弃了自己的第一款产品：SSD。M-Systems 喜欢个人计算机，所以我们开发了 USB 闪存驱动器（DiskOnKey），并为手机提供了解决方案。很快，手机就变得和计算机类似了。但我们的起点及最初的产品，真的错得离谱。

的确，有些想法有瑕疵，但要执行……执行……埃利一直坚持着自己的想法。他很勇敢，有远见，并且想干一番大事。有一件事帮助他实现了闪迪的巨大成功，那就是当他在 1998 年（创立闪迪 10 年之后）意识到无法用自己制造的组件赢得胜利的时候，他放弃了自己的基础技术，和东芝联盟了。通过联盟，他得以利用东芝的技术、经验和精细的制造设备，并因此受益。**好的合伙人有时比好想法更宝贵**……若要像埃利和他的合伙人桑杰那样，在开发产品和技术的曲折道路上百折不挠，你必须同样心胸宽广、雄心勃勃，有远大的抱负。

5.6 一个险些改变高新技术产业的疯狂想法

有时候，你面对着一扇巨大的门。这扇门实在太大了，你连怎么打开它都不知道。可能你手里有钥匙，但钥匙孔太高了，你根本够不到。又或者你能够到，但你需要非常聪明并且做好准备才能打开这扇门。

下面要讲述的是我差点就改变全球高新技术产业的故事。

直到1995年，英特尔一直凭借其NOR型闪存元件控制着闪存市场。M-Systems在软件方面和英特尔有合作，闪迪则自己制造闪存元件（由一家工厂承包制造）。

英特尔和闪迪签订了相互授权协议。这意味着，两家公司谁都不能起诉对方侵犯其专利权。

后来，三星和东芝的NAND型闪存元件突然横空出世。试用之后，我们非常震惊，NAND型闪存元件比英特尔的元件快多了，而且也便宜很多。它的设计理念不同，而且非常适合我们的需求。于是，我们的所有产品都开始转而使用三星的闪存元件（我们当时没和东芝洽谈，更准确地说，东芝不肯和我们谈）。之后，我们遭遇了一记重锤。闪迪向国际贸易中心起诉三星侵犯其专利权。三星没有做出有效应对（它在吃官司时一贯如此），最终法官裁定，在韩国制造的三星组件以及任何包含这些组件的其他产品均不得进口至美国。

我们该怎么办呢？我去拜访了三星的管理层。他们很无助。那一年，他们很不好过，损失了很多金钱，急需资金。

我给他们支了一招：如果他们把闪存项目卖给英特尔，就可以把三星优秀的NAND型闪存元件带到美国，因为闪迪起诉英特尔侵犯其专利权是无效的。这也可以帮助M-Systems解决无法获取元件的问题。

我在与三星管理层会面时提到了这个建议，他们同意了，甚至报出了价格：2亿美元。

于是，我去美国加利福尼亚州的佛森市会见比尔·豪，他负责英特尔的闪存部门。他迟到了，并且言行举止都透着傲慢。我还记得，他坐在桌边，一直不耐烦地晃动身体。他问我："他们的闪存元件更便宜吗？下次缩小产品的几何尺寸时，我们的价格会比他们的还低。"（他没有考虑到三星也会缩小其产品的几何尺寸，而且动作要快得多。）

比尔继续说道："他们的闪存元件更快吗？我们进行了试验。在某些情况下，我们的更快。"（是的，在一些罕见的极端情况下，英特尔的闪存元件要快 10%。但在大多数情况下，三星元件的速度是英特尔的 10 倍。）

如此等等。

最后，比尔简短地说道：**"感谢您的到来，先生。继续开发您的软件，同时继续购买我们的元件吧。"**

但最终，三星恢复了元气。

三星和闪迪签署了协议。三星的闪存元件占领了市场，他们坐上了闪存市场的头把交椅，每年收入数十亿。闪存元件还帮助三星在移动产业保持了竞争优势。

英特尔的闪存元件怎么样了呢？它慢慢地退出了市场，毋庸置疑，这给英特尔造成了数亿美元的损失（也许更多，但是英特尔的 CPU 组件利润丰厚，所以这点损失对英特尔来说不过是九牛一毛而已）。

如果当初比尔·豪听取了我的建议，那么如今的高新技术产业将会是另一番景象：三星将依然是一家小公司，英特尔也不会遭遇领导力问题……顺便说一句，比尔·豪并没有错。我后来又见过他。他是个很优秀的人，他的傲慢源自英特尔的企业文化（不过，我认为新上任的首席执行官正在彻底改变该公司的企业文化）。比尔只是代表了他强烈认同的公司。

所以，请睁开你的眼睛，竖起你的耳朵，考虑每一个想法，哪怕它听起来很疯狂。

现在，我正在翁根重温自己写的这个故事。20 年过去了，我突然意识到，我一直把这个故事讲反了。究竟是谁傲慢？其实是我！

我的想法很好，但执行得太过笨拙。在三星，我没有把事情处理好。拜访英特尔时，我也没能进行清楚的展示。我没有做好必要的准备工作，因此没能说服比尔·豪。我傲慢地以为，如果我自命不凡地带着这个绝佳的想法去见比尔，他会立刻跪在我的面前，大喊："你真是个天才！这个机会简直太棒了！哇哦！三星的元件真的比我们的好多了。"

简而言之，我没有做好必要的准备工作。我相信，如果当时认真准备了，我一定可以改变市场。

M-Systems会得到什么呢？当你参与如此大规模的改变时，如果你能在其中发挥作用，并且做出明智的举动，通常会受益良多。

所幸，这一切并没有发生。如果市场真的发生了这样的改变，M-Systems将不会取得后来的成功。英特尔可能会变得非常强大，M-Systems将没有生存空间。但我当时并不知道，当然它也不是促使我采取行动的原因。

如果你有一个可以开启机遇之门的想法，哪怕它很不可思议，也要认真、谦虚地实现它。要清楚你的位置，不要傲慢，也不要盲目自大。仅当你知道开门口令时（如果有开门口令的话），才去打开你找到的那扇门。大声地说出开门口令。做正确的事，不要因为急于开门而跳过任何必要的步骤。

5.7 即使没有想法，也可以做得很好

在 M-Systems 的时候，一天，DiskOnKey 部门的人想让我去洛杉矶见金士顿公司的联合创始人。当时，金士顿是计算机内存卡（是 DRAM，不是闪存卡）的销量冠军。我们公司的人成功说服金士顿进军闪存市场，于是让我去一家餐厅见见联合创始人孙大卫。（后来我才发现，那家餐厅是孙大卫的。他买下了这家餐厅，以方便在二楼和客人们用餐聊天。该餐厅不接待普通顾客。）

我和同事早到了一会儿。我们被带到了二楼。后来金士顿的一个人来了，他为员工的迟到表达了歉意。他穿着一件过时的格子衬衫，递给我一张名片，上面写着“工程师”。我们坐下来，随便聊着我们的公司和市场。

直到金士顿的员工到来，我们才意识到这位“工程师”实际上正是该公司的**联合创始人兼首席运营官**，一个身价数十亿美元的人。

他的故事十分精彩，但我会留给他亲自讲述。他一定要讲出来，他的故事太疯狂、太振奋人心了。但他太谦逊低调了，我恐怕他永远也不会给公众讲自己的故事。我只能寄希望于有人能成功说服他把自己的故事写下来。

但是，他向我讲述了他创立金士顿公司的事，下面我就讲给你听（这只是整个故事的序曲）。

起初，孙大卫和他的合伙人为一家高新技术公司工作，这家公司后来被卖给了另一家公司。没过多久，他们俩就被解雇了。没关系，他们正好可以趁此机会休息一段时间。几天后，一位邻居来敲门。他知道孙大卫是工程师，他有个问题想请教孙大卫。是什么问题呢？IBM 的个人计算机最近上市了。它的基本内存非常小，买了个人计算机的人都必须得用内存卡来扩充内存，但 IBM 存在供货问题。这位邻居是一个计算机商店的销售代表。他问孙大卫是否有购买内存卡的渠道。

孙大卫看了看 IBM 的内存卡。他认出了那些组件，它们是由日本的日立公司制造的。于是，他给在日本的一位朋友写信，朋友联系了日立公司，日立公司愿意将组件卖给这位朋友。孙大卫在他的地下室用这些组件做了 10 张内存卡，然后卖给了那位邻居。

第二天，邻居又来找孙大卫。10 张内存卡已被抢购一空。孙大卫又订购了制作 50 张内存卡所需的组件，很快又卖光了。这时，他的妻子在地下室和他一起工作，还有他的合伙人以及合伙人的妻子，此外还有几位亲戚。他们全都在手工制造内存卡。后来，孙大卫和合伙人问自己，为什么他们只卖给邻居呢？毕竟，洛杉矶有很多其他的经销商。于是，他们联系了其他的商店，接了更多的订单……之后，他们搬到了一幢楼里，购买了机器，扩张再扩张……后来开始在 *Byte* 杂志上打广告。随着需求的增多，他们成立了一家公司。这就是孙大卫的故事，一个精彩的故事。

如今，金士顿依然是一家私营公司。根据维基百科，金士顿公司 2013 年的销售额大约是 60 亿美元。它的内存模块销量全球领先。但是在我写这篇文章的时候，维基百科上还没有孙大卫的词条，虽然他的财富估值 43 亿美元……而且，他还在工厂工作。

我们参观了他在洛杉矶的工厂（当然他还有很多工厂，大部分在中国）。工厂的大厅很简洁，没有什么装饰。有一件事吸引了我的注意：大厅的前台有两位年轻女子，她们旁边堆放着一摞箱子和内存卡。在我走近她们时，她们正忙着打包。谁说接待员就得坐在位子上等着接电话或者接待来访者？她们有很多工作要做，我相信孙大卫的接待人员不会抱怨，恰恰相反，她们应该很愿意用另一种方式为工厂贡献一份力。

令人难以置信的是，**金士顿是一家成功的公司，但它的成立并不以任何想法为基础。它没有技术，没有专利，也没有进行市场调研。他们甚至没有筹集任何启动资金。**（如今，孙大卫和他的合伙人依然拥有公司 100% 的份额。）那么他们到底是如何做到的呢？

M-Systems 和闪迪基于错误的想法创立（M-Systems 使用英特尔的闪存元件，闪迪则自己开发闪存元件，二者都没能理解 SSD 市场究竟有多么遥远）。金士顿的创立则不以任何想法为基础。那么，你在创立公司时是不是也不需要有想法呢？

结论有两个。

首先，这些公司是在几十年前创立的，它们随着计算机和技术的迅猛发展一同发展。世界已经改变。我认为，今天，你不可能在没有预算或想法的情况下创立这种公司，而且你的想法要经得起严肃投资者的检验。

其次，**归根结底，人是根本。公司的创立几乎总是需要具备各种技能或特质的人。**

孙大卫，非常谦恭。

埃利·哈拉里，志向远大，并且对技术有深刻的理解。

我无法与这两位了不起的人相提并论，但如果有人坚持认为我有资格，那么，我具备发现和提拔优秀人才的能力……

第 6 章

开启创业征途

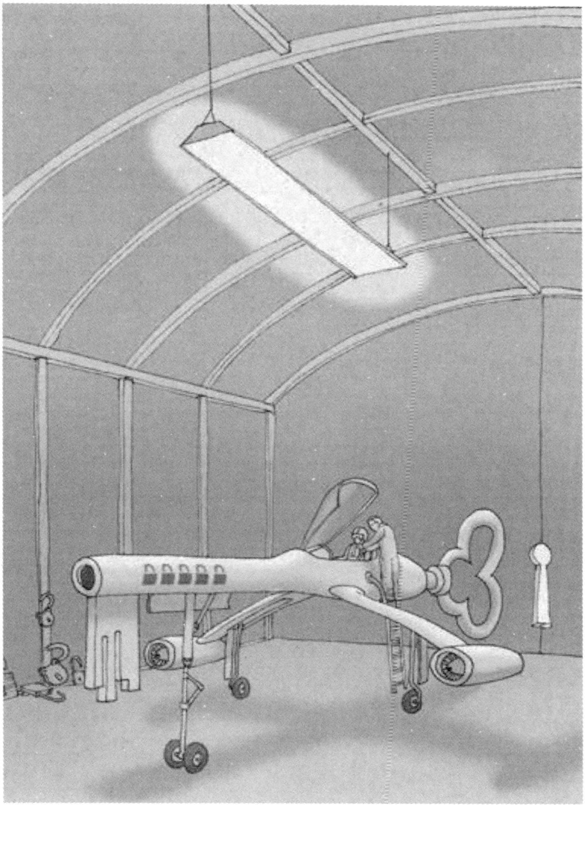

6.1 如何开启创业征途

创业始于乐趣。如果一想到创业就焦虑万分，那么最好别急着开始，因为真正让你抓狂的事还在后面。日后也有的是机会证明你当初的焦虑是正确的。（先别急，后面有一整节的内容告诉你怎么应对焦虑。）

现在团队有了，想法也有了，还差什么呢？

为了开启创业征途，你还需要一点装备。

在如今的高科技时代，你的装备就是能帮你赚钱的东西——它应该能帮你获得到达第一站所需的第一桶金。

那么，你的创业第一站究竟是什么呢？也许是某种可行性验证，或者是某个只有部分功能的应用程序，抑或是某个产品原型（尚未具备完整的功能，还没达到能发售的程度）。总之，创业第一站的成果必须体现出最终产品的精髓，以及团队的专业水平。千万别小看这一点！要知道，投资人之所以给你第一笔资金，是为了看看产品的效果，并测试团队的能力。然而，很多创业者往往过不了这一关。

你的“第一桶金”需要多少呢？如果回到 10 多年前，传统的投资人会告诉你，创业公司的第一轮融资可达几百万美元，并且通常来自风投基金。如果接下来发展顺利，创业者就会进一步融资，以进行后续的生产及营销。最后，创业者还会筹集更多资金来开展海外业务、成立分公司等。于是，一家新公司冉冉升起。创业者和投资者皆大欢喜。

如今的投资环境则大不相同。要是开发应用程序（现在很多创业公司靠开发移动应用程序起家），你的产品走向市场用不了那么多钱。这就给了私人投资者进入市场的机会，他们根据自己的喜好投资，而且通常会在公司发展的早期阶段就加入。

这些私人投资者被称为**天使投资人**。不过，天使也分好坏两种。无论是天使投资人，还是风险相对较低的风投基金，你在选择时都一定要擦亮眼睛。表面上，你和投资人有着共同的利益：你们都想看到公司日益繁荣。但是，事情并非总是如此。投资人考虑的问题并不总和你所考虑的一致。也许你给了很多承诺，但投资人有些疑虑；也许你觉得有些做法欠妥，但投资人不以为然；也许你熟悉市场中潜藏的风险，但投资人过于乐观；**也许投资人关注短期回报，而你希望从长计议，或者正好相反**。比如，你觉得 500 万美元的回报很划算，但投资人觉得，如果少于 5000 万美元，那根本不值得退出。

顺便说一句，投资人远比你所预料的更有耐心，这一点可能会令你喜出望外。如果你犯了个错，但知错能改，那么他们不会介意。不过，所有的耐心都有底线。如下行为会消耗投资人的耐心：重复犯下相同的错误；做出不明智的决策；让团队承担不必要的风险，或不听取周围人的建议；一意孤行地往前冲，或无正当理由退出。

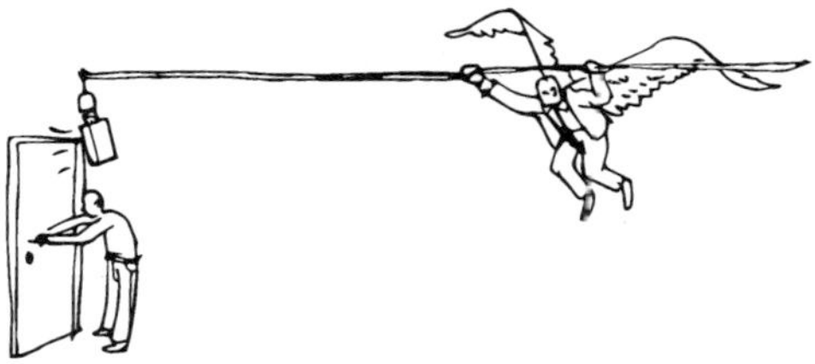

我的观点是，在刚开始创业时，可以先拿一小笔钱试试水，做一个产品原型，然后试探一下市场的反应。如果确定产品可行，并且市场前景可观，那么接下来就可以筹集更多资金。这就好比先进入一个“小世界”，虽然里面有 100 扇门，但是这些门彼此靠得很近，其中有一扇门是通往“大世界”的。创业者必须迅速做出选择，打开那扇通往“大世界”的门，然后开始筹集上百万美元的资金，准备迎接更复杂、更具挑战性的任务。

不过（这个“不过”很重要），话说回来，**你能筹集到多少资金，是由市场决定的**。你的每一轮融资所能筹集到的资金数目也由此决定。如果你找准了目标市场，而且拥有出色的团队，那么就能筹到更多资金。如果你在融资方面缺乏经验，也没什么拿得出手的成绩，那么筹到的资金就相对较少。无论是哪种情况，对你而言，筹集到足够的资金来支持你走到下一阶段，让你目前的投资人（以及其他人）能对你刮目相看，并乐意继续资助你，无疑是至关重要的任务。投资人有意愿、有能力资助你，并且不妨碍你的工作，这对你的创业之路会有极大的帮助。

此外，创业之路难免坎坷，因此你还需要请一位好的律师，助你摆脱困境。

你可能会想："律师？可是我没有钱请律师啊！"别慌。很多律师会根据客户的具体情况灵活收费。如果打赢了官司，那么你就支付全额费用（以及额外的报酬）。反之，如果输掉了官司，那么你只需支付一部分费用。你只要保证你的律师不会利用这一点"狮子大开口"就行。

对了，你还需要一名会计。会计能为你做什么呢？从创业的第一天起，你就得记着按时给员工发工资，但你总不能每个月都自己跑一趟银行，对吧？此外，记录开支、维护账本、每月缴纳（及代扣）税款、为员工交社保……你需要雇一个人来帮你处理这些大大小小的杂事，而且找会计这件事现在就可以着手行动了。

关于律师和会计，再嘱咐一句：有不少创业公司对此不以为然，导致账面上一团糟。股份和期权的分配以口头承诺，即使有书面担保，条款也模棱两可。有些创业公司甚至不为员工交纳社保和养老金（这着实糟糕，因为经营一家公司不仅要打理好业务，还要遵守相关法律、法规和政策）。千万别拿这些不当回事儿。这些方面的任何疏漏，将来都有可能让你陷入法律纠纷中。在创业后期，你可能要向行事谨慎的投资人寻求资助，他们会核查你的公司在法律、商务、开发内容等方面的资质。如果公司在相关手续上出现任何漏洞，都会极大地打击投资人对你的信心。

愿你怀着愉悦的心情开启创业征途，但要确保行囊里的物资足以支持你走到目的地，至少要能支持你抵达征途的第一站。出发之前，记得系好鞋带并拧紧水壶盖。

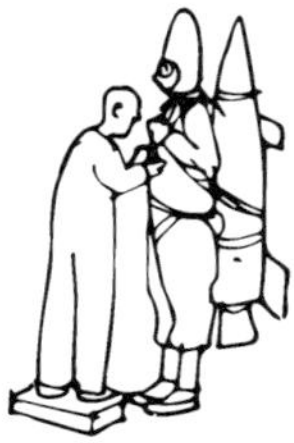

6.2　寻找好的投资人

我要强调一下，接下来要谈的是开始创业时最重要的问题之一。想一想，你的首轮融资，也就是种子轮，需要多少钱呢？

简单来说，**多多益善**。我之前提到过，决定你能筹集到多少资金的其实是投资人和市场。不过有时候情况正好相反，下面就举个例子。

几年前，有两个很能干的年轻人带着不错的点子来找我。他们是我还在 Modu 时认识的两个小伙子——德罗尔和达米安。他们想开发一种微型便携式光谱仪，这种设备可以分析材料的特性，并将分析报告发送到用户的手机上。他们已经做了一些前期工作，其中一个在没有任何资助的情况下，自己在家鼓捣了好几个月；另一个则为了创业，离开了自己读研究生的学校。商议之后，我答应先提供给他们 10 万美元，用于验证可行性。然而第二天，这两个小伙子又来找我了。我猜他们可能回去研究了一番，觉得 10 万美元还不够。

然而我错了。他们对我说："我们想告诉您，其实我们用不了 10 万美元那么多。目前这个阶段 5 万美元就够用了。因此，您给我们 5 万美元就行。"

难以置信，对吧？我敢肯定，不少读者应该会感到不可思议，心想："不会是逗你玩儿的吧？"那么，这两个小伙子后来怎样了呢？靠着这笔5万美元的资助，他们找到了一个工作场所，并得到了许多建议与帮助。之后，他们的想法通过了可行性验证，于是又得到了一笔10万美元的资助。从此，他们开始赢得其他投资人的青睐，成功之门向他们敞开。（在本书写作之际，他们的公司Consumer Physics已经声名鹊起。这两个小伙子值得拥有这一切。）

金钱诚可贵，但还有比金钱更可贵的帮助。**要懂得分辨什么是真正宝贵的帮助。**有些投资人只会甩给你一张支票，但另一些则还会给你提供无价的资源：建议、忠告、人脉，等等。后者才是好的投资人，他们就像一扇对你敞开的大门。当走进这扇慷慨的大门时，你就会发现一座宝藏，里面不仅有助你顺利开启创业征途的各种装备，还有帮你快速抵达下一扇大门的各种机关。

如果你不需要来自外部的资助，自己就可以独立完成创业所需的准备工作，那么恭喜你，你可以直接迈入大公司的行列了。但如果你尚不具备独自创业的经济实力，就需要投资人来带你一程。你要寻找那些能真正给你帮助的人，也就是那些不仅能给予你经济支持，还能在创业之路上引领和指点你的人。

6.3　主动迈出第一步

阿纳 · 斯拉茨基是我从小学一年级到八年级一直喜欢的一个女孩，当然只是小孩子之间的那种纯洁的感情啦。那时，她是我的同班同学。当阿纳的妈妈成为我们的老师后，我就努力学习，拼命表现自己，希望让老师看到，这样她就会告诉阿纳我有多聪明。后来她和其他班的一位名叫丹尼的男孩成为了好朋友，于是我就去跟丹尼套近乎，一方面是为了从他那里打听阿纳的消息；另一方面是想看看丹尼到底比我好在哪里。就这样，8 年一晃而过。在这 8 年里，尽管我很喜欢阿纳，但我从未鼓起勇气靠近她或者跟她说句话。进入高中之后，我们分别去了不同的学校。尽管我们偶尔会在街上碰面，但也不过是“你最近怎样？”“我很好，你呢？”这样的寒暄。

时光飞逝，一晃到了 2002 年，以色列出现了一个名叫 Hevre 的社交网站。（在希伯来语里，Hevre 是“朋友”的意思。真可惜，这个网站本来可以成为以色列的 Facebook。）通过这个网站，我找到了阿纳。她和她的丈夫一起生活在位于内盖夫沙漠腹地的一个小村庄里。我们在电话中交谈过几次。她当然还记得我。那时我才知道，当我们还是学生的时候，她也对我有过好感。我告诉她自己曾经“暗恋”了她整整 8 年。“那你为什么不告诉我？”她问道。

因为……那时的我没有主动迈出第一步的勇气啊！如果我能在放学路上等着她，问问她愿不愿意和我一起复习功课，那么（也许）就不会留下今天的遗憾了。唉，我的小心灵遭受了重创！（不过，我的懊悔并没有持续多久，因为后来我又遇见更喜欢的人啦。）

的确，万事开头难，创业尤其如此。

有的人想开一家自己的公司，却在开始时就被困住了。他们犹豫不决，不敢辞职创业：“如果我这个时候辞职，我老婆不会饶了我的！”等到他们好不容易决定开始创业，此时应该尽快寻找合适的投资人，他们却踌躇不前，“万一被拒绝了呢”，或者“我们的报告还欠点儿火候”。

没人愿意在寻求帮助时被拒绝，也没人想看到自己的努力被否定。但这些挫折是创业之路上的重要风景线。要学会接受失败，因为失败是成功之母。

勇敢迈出你的第一步吧！敢问路在何方？路在脚下。正如思想家老子所言：“千里之行，始于足下。”你的第一步就是要主动出击，这也可以称作“企业家精神”。

6.4 把握方向

作为这一话题的收尾，我再提出一个理论：如果一个人擅长定向越野，那么他创业的可能性更高，并且也更可能创业成功——无论是成立一家大公司，还是最后华丽退出。

在创业世界中闯荡时，良好的方向感很重要。道路崎岖，险象环生，再加上前有狼后有虎，这些都会导致你偏离路线。更糟糕的是，并没有导航设备或者地图来帮助你定位。

在没有地图的条件下探路需要好记性，但光有好记性还不够。军校里有些人可能比我记性更好，但即使他们牢牢记住画在地图上的路线，也未必能成功。

举例来说，从地图上看，山谷似乎处于大约 240 度的位置。但实际上它位于 280 度左右，而且还转了 180 度。还有一道围墙，地图上没标出来，你必须设法绕过去。由此可见，定向越野是一种需要提前规划的任务，但你也要学着随机应变，因为你总会遇到意料之外的状况。你要牢记自己的目标，不断反复检查自己有没有朝着正确的方向前进。

我还记得自己在野外看到电线杆和道路时内心的狂喜。其实你不需要严格遵循既定的路线，比如沿东北偏东方向行进，穿越 600 米的山谷再到达某地。周围有没有电线杆？电线杆可以为你指路。远处村庄闪烁的灯火也能为你指示方向。**当然要关注细节，但全局意识无疑更重要。**

我还记得在军校经历的那些定向越野训练。有一回，一辆卡车把我们带到一个出口，但不是原先指定的那个地点。他们可能是故意这么干的，也可能不是，总之我们一开始都没意识到地点不对。我开始探路，但感觉不对劲儿。我先往北走了 500 米。那儿应该有一条往东北方向延伸的山谷，但我没找到。难道路程计算错了？我又往前走了 100 米，还是没有找到。接下来的 100 米还是一无所获。那一刻我意识到，我们从卡车上下来的那个地方并不是原先计划好的出口。可是，我既没有地图，也没有这一带的照片可供参考。这可怎么办呢？我一抬头，看见了远处村庄闪烁的灯光，还有房顶上的天线。我测量了一下和它们之间的方位角，发现我的位置不对——我应该再往北一点儿。走着走着，我又看到一条路。这下就好办多了。不到一个小时，我就回到了正确的路线上。我快速行进，并陆续找到了几位队友。空旷的沙漠中无比静寂，在两个小时（也就是出发后的 3 个小时）之后，我才听到一点声响。我看到一个人在行走。走近一看，原来是我的好朋友，杰克·佐迪德。我小声打招呼："嘿，杰克。"我想指挥官可能还不知道我们已经找到了彼此。杰克喜出望外："多夫，看到你简直太好了。你是怎么过来的？"杰克是我找到的第 3 个队友，接下来又找到了第 4 个，不过这是后话了。杰克完全迷了路。"我的大脑一片空白，"他说，"我完全不记得原来的路线了，一点办法也没有。"

我问杰克，他是否意识到我们一开始从卡车上下来的位置就不对。他回答说并没有，而且他直到这一刻才反应过来是怎么回事儿。在遇见我之前，他还遇见了另一个队友。

“跟着我走吧！”我对杰克说。于是，我在前面带路，杰克跟着我。

顺便介绍一下杰克·佐迪德。他是一位出色的工程师，在航空航天领域拥有 25 年以上的经验。他人非常好，而且极富幽默感。我们上一次见面已经是 10 多年前的事了，不过我们偶尔会通个电话互相问候。对我而言，杰克是值得信赖的朋友。如果我需要任何帮助，他都会第一时间伸出援手。如果他需要任何帮助，我也会这样做的。

当你踏入创业世界时，并没有任何线索指引你从哪里开始，你当然也不知道应该在哪里结束。尽管如此，你还是要试着规划路线。但同时，你背后有几十双甚至几百双眼睛在盯着你：合伙人、员工、投资人，等等。你要经受考验，在黑暗中行进，或深入未知的领域。能否找到通往成功的那条路，取决于你的直觉是否准确，以及你能否在复杂多变的环境中迅速调整自己。

因此，在启程前，请先仔细研究你的路线。将路线周围的每一处都打探清楚。自己设好路标，并学着在必要时灵活应变。

6.5 多和身边的人交流

你可能会发现，能从周围的人那里打听到不少消息。告诉他们你在做什么，他们可能会提供对你有价值的信息。同样，你也要尽力帮助别人。首先，乐于助人是一种美德。其次，你帮助过的人说不定哪天会回来帮助你。也许有人会带你靠近你以前从未注意到的机遇之门；也许有人知道一条通往另一扇门的近路；也许还有人会直接为你开启机遇之门。

我有一次搭乘从首尔飞往芝加哥的航班。航班要飞很久，我想在飞机上睡一觉，因为我会在次日早晨抵达芝加哥，而之后的一整天都会很忙碌。总之，我想静静。

有个名叫利亚姆的男人坐在我旁边，他的年纪和我相仿，衣着有点寒酸。

他开始跟我搭话，问我去哪里、去干什么。

我礼貌地回答了他，并询问了他的情况。原来，他就职于莫仕公司，那是一家很大的连接器厂商，估值能达到几十亿美元。

此前他去见了一家韩国客户。"三星吗？"我问道。他笑了。我猜对了。他看起来像是很精明的销售人员。我感慨道："跟三星谈生意很不容易。"他也同意我的看法。

我回想起多年前，M-Systems 在成立之初和莫仕在一些军工项目上曾有过合作。利亚姆证实了这一点。莫仕过去是生产军用连接器的翘楚，不过现在专注于生产扁平式手机连接器。

我告诉利亚姆，大约 4 年前，有个叫拉菲的人找到我，并谈到 60GHz 短距离无线通信技术。这种无线通信技术在短距离内的数据传输速率不可思议，能达到每秒 600 亿字节。我很支持他的想法，并告诉他，这种技术的最佳用途就是替代连接器。连接器的用处是将两个子控制系统（例如智能手机的显卡和处理器卡）连接起来。它不仅体积较大，还通常是电子控制系统中最为薄弱的一环。使用强大的短距离无线通信元件，就可以替换既占地方又费事的连接器。我还建议拉菲给他的公司起名叫“虚拟连接器公司”。

遗憾的是，拉菲的想法并没能实现，他也没能凑够开公司的钱，于是这个想法就被搁浅了。“假如我是你们公司的总经理，”我对利亚姆说，“我就会去做那个虚拟连接器项目。对了，你在莫仕是做什么的？”

他笑着说道：“我就是总经理。”

“虚拟连接器公司”并没能从我们的这次邂逅中得到任何资助，不过利亚姆至今仍和我保持着联系……

当你和别人（尤其是商业圈的人）交流时，告诉他们你在做什么。表述应尽量简洁，不要长篇大论、喋喋不休。有趣的人不一定能马上帮到你，但总会有一天，你接触到的人会带给你从未注意过的机遇。值得尝试。

6.6 如何规划路线

我见过这样的创业者：他们把从开始创业到走向成功的每一步都规划得天衣无缝，仿佛一切尽在掌握之中。他们认为事情会按他们所预想的那样发生。很抱歉，这种话我根本不信。

下面就讲讲 M-Systems 公司诞生的那些事儿——这家公司在 20 世纪 80 年代本来打算生产固态硬盘。

那时，M-Systems 公司还未正式成立。起初，我们几个人为 Tadiran[①]开发一款名为 Tac-PC 的设备。这类设备并不是 Tadiran 的主要业务，但因为当时美国军方就小型通信终端发起了一次项目招标，所以 Tadiran 就想找人来生产类似的设备，要尽快出厂，价格还得低廉。尽管中标胜算不大，但 Tadiran 的人还是找到了我，问我能否胜任。

因为急需做项目，所以我接下了这笔生意。这个项目名为 SHTU（Small Handheld Terminal Unit，即“小型手持终端设备”），那时我的报价大概是 36 000 美元——硬件开发、软件开发和机械设计成本都计算在内。我们 4 个人经过了 4 个月没日没夜的工作，终于开发出这一设备。8 个月后，我赶往美国，Tadiran 让我去支援这个项目的技术支持团队。于是我来到了 Miltope，一家生产军工级硬盘和磁带的公司。这家公司当时也是 Tadiran 的代理商。

理查德·潘多非是 Miltope 公司的首席执行官，他很喜欢我，于是让我参加了他们的管理层会议（那时我只是 Tadiran 的分包人）。在会议上，大家讨论了公司所销售的军工级硬盘的一些问题。我建议可以开发一种替代产品，使用 RAM（随机存储器，即计算机的标准内存，断电后数据即被清除）和备用电池（保证即使断电后数据也不会丢失）。然而，由于电池方面存在的问题太多，这个方案被否决了。

在这次讨论之后，我读到了一些关于闪存技术的资料。这种技术不需要电池来保证数据不丢失，而且存储的数据可以被清除和重写。我把这些资料提供给了潘多非，他决定给我投资，成立一家能够生产基于闪存技术的硬盘替代品的公司，也就是后来的 M-Systems。这里的关键是“不用电池”。

① 以色列的一个电池和通信品牌。——译者注

可是要怎么弄呢？我们其实一头雾水。起初，我们照着军工级磁带的样子做了一个东西，但问题很多。Miltope 的销售人员觉得他们可以把这个东西推销给美国军方，但没能成功。

之后，我们造出了 PCMCIA 卡（第 5 章讲过，它的首次亮相是在 1993 年的 COMDEX 博览会上），但卖得也不好。

于是，我们把目光转向了基于闪存技术的 PC 卡。以色列公司 Lan Optics 是我们的首家客户，时任首席执行官的埃利·弗鲁赫特直到今天仍在鼓励我，称赞我们的产品有多么出色，以及给了他们多少帮助。（我也非常感谢你的帮助，埃利！）

后来，我们还造出了一种嵌入计算机的产品（DiskOnChip，之前提到过），但没有赢得太大的市场。

接着，我们还为美军的一个直升机项目开发了一种基于闪存技术的硬盘，但随着这个项目被取消，也就没有下文了。

这就是我的创业之路。因为既没有指导原则，又没有任何规划，而是赶上什么就做什么，所以一路走来如此磕磕绊绊。

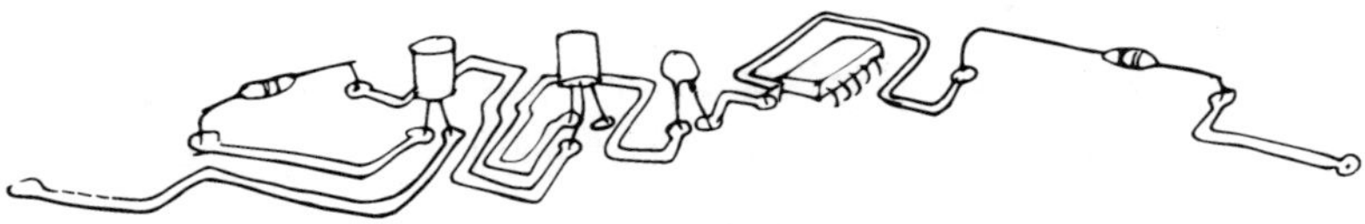

那时我们的确认为，大部分人今天所使用的机械硬盘，在未来终究会被基于闪存技术的硬盘所取代。我还记得当年阿里耶有个好主意：将闪存元件集成到一块晶片上，并将其相互连接，这样晶片实际上就能起到硬盘的作用。**哇！这主意听起来不错，但可能也只是听起来不错而已**。时至今日，这一想法仍旧没能实现。现在的厂商是这样做的：把上千颗芯片集成到一块晶片上，每颗芯片相当于一块硬盘。

谈论愿景和计划无疑是一件乐事，而且有时它们的确会实现。但大多数情况下，事情的发展往往出乎意料。也许等你真正动手去做时，发现原先计划好的那条路是一条死胡同，于是不得不改变计划。也许你走进了一扇机遇之门，但发现那扇门背后的世界跟你所期待的有很大出入。创业之路总会有跌宕起伏。

这是否意味着不需要提前规划呢？恰恰相反，你必须提前规划好创业之路。

首先，你要在混乱中建立秩序。即使今后的发展难以预料，也要把眼下的每一步工作都安排妥当。其次，想想我的公司 M-Systems，它的春天在多年之后才姗姗来迟。如果我一开始就规划好接下来的每一步，并制订更详细的计划，那么结果也许会大不相同。或许成功来得更快，并且更令人瞩目。

此外，能否制订计划并始终坚持贯彻，也是投资人评价你的一个标准，因为他们要借此看看你有没有**决心**，即能否坚持不懈地追求自己的目标。

不过话说回来，对 M-Systems 而言，从头到尾地规划出一条正确的发展路线不太现实。作为 M-Systems 当时的竞争对手，闪迪公司虽然身经百战，但也没有完全遵循埃利·哈拉里事先规划好的路线。现在看来，闪迪和 M-Systems 的目标都没有问题，但人在现实生活中反而容易迷失方向。

你需要理解创业世界的游戏规则，并进入你以前从未接触过的领域。在那里，你将遇到完全陌生的规则、管理章程、竞争对手以及其他各种因素。因此，你要详细规划路线，并为意料之外的情况做好后备计划。大部分创业者也许要等到多年之后才迎来事业的春天。那些天赋较高的人可能会走得更顺利一些，也许因为他们准备得更充分，也更擅于提前规划。

在马尔科姆·格拉德威尔的畅销书《异类》中，有一章提到了大名鼎鼎的披头士乐队。这支乐队在成名之前，经历了一万小时的排练和演出。

这本书还提到了比尔·盖茨，早在他读高中时，他的母亲就允许他在计算机上鼓捣软件，因此在微软成立之前，盖茨已经练习了相当长时间的软件开发技术。在如今的高科技时代，你也是如此——**有时你必须经历一万小时的艰苦练习，边犯错边积累经验，才能掌握创业世界的游戏规则。如果因害怕犯错而止步不前，那么你就无法成长。**

如果你提前规划，做好准备，并将挫折看作积累经验的机会，那么你成功的机会将大大增加。

第 7 章

漫漫创业路

7.1 先发制人还是笑到最后

在以色列喜剧《祖母行动》中，阿隆有这样一句台词：“一开始全速奔跑，然后步子渐渐慢下来……”

才不要呢！☺

竞争对手已经跑在了前头，于是你不得不奋起直追，这是常识。不过，创业是一场马拉松，而非短跑竞赛。那些起初跑得太快的人往往无法坚持到最后。

你的确要努力奔跑，**但也要好好规划你的竞赛策略**。

成立 Grove Ventures 之前，我和合伙人投资了一些公司，那时我在投资方面还是新手。有一位创业者在接受我们的投资之后，决定自己再去找一些投资。我们同意了，但由于他给自己的公司估值很高，我们觉得不太实际。之后他消失了大概一个月，然后又来找我们，告诉我们说他已经见了几个投资集团，尽管他信心满满，但还是没能如愿。他该怎么办呢？难道要回去跟那些投资人说，之前对公司的估值不准确，它其实没有那么高的价值？

我们投资的另一家公司也没能如愿融资，不过胜败乃兵家常事。这位创业者的想法很有创意，也很吸引人，但他的演示文稿做得真是一团糟。

我们对他说：“让我们来帮你准备演示文稿吧。”

他回答：“呃……不用了，我自己能行，我可以找朋友来帮忙……”

于是，他带着一团糟的演示文稿去见了投资人。雪上加霜的是，他展示的是一个已被证实无效的经营模式。他的表述前后也不连贯，一会儿说要做这个，一会儿又说要做那个……

可以想象结果如何。不过凡事都有两面。此后，我们对如何投资以及如何指导公司都有了更深刻的理解。

创业之路并非总是崎岖，惊喜也同样可能突然降临。但如果不充分做好准备工作，那么幸运之门为你敞开的概率可能连 1% 都不到——顶多 0.5%，甚至 0.1%。的确，投资人有可能为你的人格魅力所倾倒，即使你没有展示任何想法或经营模式也无所谓。但你终究不能指望天上掉馅饼这种好事。

我还记得 10 多年前，M-Systems 有一次准备发行证券。合作方是花旗集团，那可是华尔街投资银行的佼佼者。那时的我对做演示缺乏经验，不过自认为能行。（今天的我可以很轻松地面对上千名听众，用英语侃侃而谈，不用看稿。但那时的我还会紧张，即使面前只有 3 个人，我也会瑟瑟发抖。）但我毕竟是管理者、工程师和发明家，不是销售人员，也不是演员。花旗集团的人听了我的报告后，建议我适当改进（因为好的管理者也应该知道如何展示自己）。于是，在向美国证券交易委员会提交申请之后，在等待其批准的这段时间里，为了给路演做准备，我在花旗集团的纽约办公室里接受了连续 3 天、每天 12 小时的训练。在那几天里，我每隔半小时就得重复一遍自己的报告。花旗集团的人会送来食物，并确保我在此期间不会受到任何外部干扰。我反复练习了 60 多次，而且每句话都得大声地说出来。

起初，乔尔和马克会边看我演示边提出修改建议，他们是花旗集团以色列分部的员工。我的演示需要改进的地方还真不少。首先是我的英语，一些词用得不对，而且还有口音（个人的口音很难改变，但如果慢点说，口音听着确实就不那么明显了）。其次是演示内容，我们去掉了表述含糊的句子，增加了一些强调发展潜力和竞争优势的词语。我们要确保演示文稿没有任何多余或重复的内容，因为在有限的路演时间里，我们要尽可能做到简明扼要，绝对不能拖泥带水。同时，我们斟酌了在每一个需要强调的句子前停顿多长时间。

练习了一段时间后，乔尔和马克请其他人过来看我做演示。后来，连他们的秘书也过来了。每一次，我都要投入，要声情并茂，要充满激情和感染力，如此一遍遍地重复，直到找到那种感觉。总之，到了路演之时，我感觉自己已经脱胎换骨了。

像奥运会选手那样训练自己吧！当然，这对你而言是一个挑战，因为你不知道要跑多远才能开启第一扇机遇之门。也许要跑 100 米，也许要跑 1000 米，也许要跑半程马拉松。但是不要忘了，你身边总会有人支持你，向你伸出援手，帮你评估前方的路况及风险。同时，你也要做好心理准备：这一路所需的时间可能会比预期的更长。

跑得快固然好，但你也要时不时地停下来休整一下，重新评估自己，并确定有足够的力量和资源（最好还有富余）支撑你到达目的地。对了，还要确保你的前进路线准确无误。

7.2 如果不是你领队，该怎么办

我在瑞士小镇翁根时，有一次边散步边打腹稿，于是就有了本节内容。我喜欢边走路边思考，等回到屋里，再打开计算机，将一路上的所思所想记录下来。前一天刚下过雪，路边的积雪尚未消融。当时的气温只有 2℃，我穿着一件 T 恤衫，在冰天雪地里走着，即使是瑞士本地人也可能觉得我太扛冻了。不过我喜欢这样，因为冷空气让我思路清晰，适当活动让我不至于觉得太冷。或许这也跟我在军校时的一段经历有关，那是一段不堪回首的往事。

我还记得在军校时的第一次定向越野训练，我们每 4 个人分成一队。我们队除了我自己，还有阿维、本尼和加迪。加迪是个英勇好战的小伙子。那时，我们整个部队都在为装甲团服务，一天到晚忙得团团转，但他总有理由不过去帮忙。后来军校放假，其间我们其他人基本上就是训练和巡逻边境，而加迪被派去参加指挥官培训。因此，在参加第一次定向越野时，相比于其他人，加迪有更多的预备知识——至少他自己这么认为。碰巧我们的指挥官也是这么认为的。当时，我们的路线分成了 4 段，每人负责一段，加迪分到了最后一段，也就是最难的一段。我分到了第一段。

我们每个人都牢牢记住了分配给自己的路线. 不过也会看一下别人的路线。经过一个简单的测试后，我们就出发了。这是一次夜间定向越野，而且没有地图。

到了夜里，我们进入了沙漠，气温陡降。我决定在军装里套一身我妈妈给我准备的保暖内衣。这身内衣，我曾经死活不愿意穿，但现在我不仅穿着它，还想着如果能带件毛衣来就好了……

我第一个带路，一切顺利。接下来是阿维，然后是本尼。轮到本尼带路时，我们都已疲惫不堪，而本尼似乎已经有点晕头转向了。加迪开始指手画脚，“我觉得刚才应该右转，就省得绕远了”，或者“我觉得我们目前是在离指定位置 500 米偏北的地方，不过轮到我带路时，我会调整路线的”，诸如此类。

我开始觉得浑身发热，但我总不能让队友都停下来，然后在茫茫大漠中当着他们的面脱下保暖内衣吧……

终于轮到加迪领队了。他一上来就发表了一番意见，认为本尼把我们带偏了。他说我们现在向北偏离了很远，因为在之前的那个岔路口，我们本应该右转，否则早就到达正确的位置了。唉，人家参加过指挥官培训，我们 3 个啥也不懂，还能说什么呢？接着，他找到了一条路，但看起来好像不太对头。按照既定路线，这条路应该转向 300 度方位角，但其实转了 45 度。“加迪，”我斗胆插了句话，“我觉得这条路不对，你看它的方向……”

“这条路是对的，”加迪斩钉截铁地打断了我，“再往前走走，你就会看到它往东北方向转了。”

于是我们又往前走了大概 1600 米，果然看到了转弯，但它是往西转的。“加迪？！”

加迪依然嘴硬：“是走错了，但都怪本尼先带错了路！”

我们继续前进，1000 米，2000 米，显然走的方向不对。我们已经超出规定时间很久了，必须立即返回集合地点。那里位于两条路之间。

我和阿维建议道：“咱们去北边那条路吧。”加迪却命令说：“往西走，用不了多远就能找到回去的路，我敢肯定。”

但我们不那么认为。的确，西边有一条路，但还隔着溪流，走过去并不方便。相比之下，北边那条路不仅离我们更近，还有一条小道正好通向那边。加迪坚持己见。本尼不知如何是好，加迪就把他拉到了自己那边。现在的形势是 2∶2。但因为加迪负责这一段，所以我们最后还是听从了他的意见。毕竟，训练守则上写着：“不准分头行动。”（其实，我们对自己的判断没有十足的把握，因为我们没有仔细研究过加迪负责的这一段。）

我们一路向西，走到了山脚下。每走 100 米都要消耗巨大的体能，而我还穿着保暖内衣，热得直冒汗，里面都湿透了。最终，我们队找到了回去的路，却是倒数第二个到达集合地点的（谢天谢地，还有别人垫底）。不过故事到这里还没有结束。欲知后事如何，且听下回分解。

从这个故事里，能悟出什么道理呢？

即使你不是领队，也要研究路线。团队要在创业世界中摸索，找到正确的机遇或门路。加迪就是领队，他相当于是公司的创始人兼首席执行官，也是最有经验的那个人。领队的人可能已经小有成就，比如开发了 Waze（一款免费的导航应用程序，其公司于 2013 年被谷歌收购），或者曾就职于 BigBand（电视、语音及数据宽带多媒体平台的服务提供商，后来并入 Arris）。总之，他是带领团队前进的那个人。不要低估他的领导力，因为如果没有他，也就没有你所在的公司。不过，作为团队的一员，你也要研究路线。你可以搜集资料，或者研究竞品。如果你负责市场营销，那就去找开发人员谈谈，听听他们对产品的看法，或者去拜访首席技术官，了解一下你们寄予厚望的技术方案究竟是否可行。如果你是研发副总裁，那就去拜访一下销售副总裁，了解一下你们开发的产品是否满足了客户的需求。反之，如果你是销售副总裁，那可能需要找研发副总裁聊一聊。

上述工作自己默默去做就好，不要过分声张。如果你发现公司的合作方有问题，或者公司的策略本身有问题，那就跟首席执行官谈谈，但注意要在私下里交流。如果这样做行不通，那就在管理层会议上提出这个问题，但不要这样说："大家听着，我们现在的方向是错的，我们需要针对市场需求来……"你要把自己发现的问题表述为一个开放性问题，供大家自由讨论。开会之前做一份演示文稿，并事先跟其他部门的主管沟通一下，听听他们的意见。

千万别（千万别！千万别！千万别！重要的事情说三遍）让首席执行官觉得你瞧不起他，并希望他趁早走人。但你也不能对眼前的麻烦视而不见。

如果我在出发前仔细研究过加迪负责的那一段路，并且在跟他沟通时态度更好一些，也许就可以说服他改变路线。但那时的我没有做到这些（也许是因为我自己同样年轻气盛）。

当你认为首席执行官正在把公司引向下坡路时，应该先试着从他的角度找找原因，而不要武断地认为“他不配当首席执行官”。试着换位思考，看看他眼中的问题是什么样子。如果即使这样做了，你也仍旧不认同他的领导策略，那么你也许应该换个团队，或者索性自己成立一个新团队（但不要和你所离开的团队成为竞争对手，这是基本的道德准则）。

还有一件事：你若离开，请优雅地转身，别搞得鸡飞狗跳、人尽皆知。跟你的上司坐下来好好谈谈，将离职前的细节落实下来。你的离职原因和经过应该听上去合情合理。举几个例子：

- 因为你刚结婚，而你的配偶希望你有一份更稳定的工作；
- 因为公司已经发展到一个新的阶段，需要补充新鲜血液；
- 因为你需要休假，也许 4 个月，也许更久，而公司不能让你的职位空缺；
- 因为公司离你的住处太远，通勤压力太大；
- 因为你一直以来都希望在另一个领域工作（医疗产品、金矿开采、服装设计，等等），而你现在已经得到了一个机会。

还要记住一点：在创业世界中，你总有机会成为领队人。也许你会在之前就职的创业公司中找到志同道合且能为你提供帮助的人。但你之前的同事也可能在将来成为你的绊脚石……

总之，与人为善总不会错，这是不言自明的。请善待周围的每一个人，尤其是那些曾经与你相伴同行的队友。

7.3 轻装上阵

从定向越野的那个故事中还可以学到一点：即使你向妈妈保证会穿保暖内衣，也要轻装上阵。（你可以对妈妈说个善意的谎言，毕竟你没有必要因为穿不穿保暖内衣而跟她争论，让妈妈伤心可就不好了。）

那次定向越野后的次日，我决定只穿 T 恤衫和短裤出去。但要知道，冬季的沙漠到了晚上就变得奇冷无比。为了能让自己暖和一点，我没有别的选择，只能跑步。（这相当于单人定向越野。）我在沙漠中奔跑。跑步能让你的思维更敏锐，并升华你的感知，使你免于堕入因长途跋涉而导致的精神涣散。我就这样完成了人生中的第一次单人定向越野。

在踏上征途时，你身上就多少已经有了些负担。

你的负担可能是身上的衣服，也可能是背上重达 30 千克的行囊。

你的旅程不会几小时后就结束。在商业及创业的世界中，你一旦启程，前方的路就不是几天或几个月能走完的。也许这条路要走很多很多年。

随着时间的推移，你身上的负担会越来越重。而且我敢肯定，当你到达旅程的终点时，你不会“一身轻松”。因此，当你出发时，就得尽可能做到轻装上阵。

为了到达终点，你需要一整支队伍，包括营销副总裁、销售副总裁、研发副总裁、业务发展副总裁、商业信息副总裁、欧洲及亚洲业务副总裁、大洋洲业务副总裁，等等。但是，即使知道这一点，你也得慢慢来。

举例来说，你起初应该是销售副总裁。可以让业务发展副总裁来管市场营销，即使他不是全球市场方面的专家也没关系。

你也用不着一开始就配齐研发副总裁和首席技术官。随着你的生意越做越大，这些都会跟上的。你可以先增加一位欧洲业务总管，让销售副总裁得以把注意力集中在美国市场上。如果公司需要发展业务，那么你就可以让研发副总裁和首席技术官各司其职：前者负责打理日常的业务发展事宜，后者负责检验新技术并寻找新的业务发展角度。

记住：轻装上阵。出发时，你需要精简装备，越简单越好。随着时间和经验的累积，你会意识到什么是对你真正重要的，到那时再添加装备也不迟。这是因为，启程时负担太重（或负担增加得太快）的概率是装备不足的两倍。

7.4 关于运气

读到这里，你可能会在心中暗想："人之所以成功，还不是靠运气么？"

这话对，但也不完全对……

在一趟从北京飞往特拉维夫的夜间航班上，坐在我旁边的人认出了我，然后问了我一个问题："你觉得自己之所以成功，最关键的因素是什么？"

我回答说："靠运气。"（真不是谦虚，我心里真的是这样想的。）

他闭上眼睛睡觉了，我则开始浏览邮箱，趁机将这周没时间处理的邮件都处理掉。

飞机快降落时，我旁边的人醒了过来，然后跟我说："你为什么说自己成功靠的是运气呢？我都看见了，你工作明明那么努力。"

我回答说：“**我所说的运气，是指我有幸能够如此努力地工作。**”

我真的相信运气。

比如，你去参加一个会议，你要见的那位首席执行官正为某个内部项目没有进展而发愁。恰好在某位董事问及此事时，你进了会议室。天时、地利、人和俱全，那位首席执行官采用了你的系统，尽管你所展示给他的功能只有一半能用，而且你的方案漏洞比渔网还多。但这些加起来都不能改变一个事实：你在掌控全局。

再比如，你的系统非常强大，但首席执行官那天没空见你，副总裁又不能自己做主，提供给访客的 Wi-Fi 坏掉了……屋漏偏逢连天雨，虽然你的演示文稿准备得非常充分，系统也无可挑剔，但你就是没有机会展示给任何人。

不过话说回来，**幸运之神偏爱那些努力工作的人**，也就是那些百折不挠、不断尝试、累积经验，并能从之前的经历中吸取教训的人。如果在创业世界中，你能遇到 10 扇机遇之门，那么你成功的概率不到 10%。如果你能找到绝大多数的机遇之门，那么你成功的概率就能达到 50%。

有时候成功来自机缘巧合，但绝大多数情况下，成功来自持久的努力——永不停歇地尝试开启机遇之门，如果一扇门关上了，那就试试另一扇，一定要看到门的背后究竟是什么才肯罢休。**运气的确存在，但你可以通过自身的努力，极大地提升自己被幸运之神眷顾的概率。**

7.5 自律

到达翁根3周后，我仍然坚持每天步行至少90分钟。翁根仍像我刚到时一样美妙至极，只是雪更厚了。

我仍然喜欢一边散步一边欣赏这里的迷人景色。离开酒店后，我从来不走原路返回。这里的路有非常多的岔道，我可以领略不同的风景。有时候，走起来并不轻松，当需要攀登陡峭的斜坡时尤其如此。（在翁根徒步时，一定会爬坡。）

每当遇到要爬的山坡，并且有机会抄近路返回酒店时，我都会看看是否已经达到了自己承诺的每日步行90分钟的目标。

有时候，我做到了，有时候则没有。每当这时，我的内心就会开始挣扎："是没走到90分钟，但是我昨天走了两个小时呀""今天要爬的这段太陡了，至少得爬20分钟""看起来快下雨了"，甚至"腿疼了"。总之，找借口是没有止境的。

但我向自己承诺过，无论如何，每天都会步行至少90分钟。于是，我拒绝了这些借口，不走完决不回酒店。

不错，对吧？我真是一个楷模！在毅力和自控力方面，我能得A+吧？

事实上我不能。有一天倾盆大雨，我就回酒店了，并且告诉自己，下午要继续出去走。后来天晴了，但是我一直在写作，等想起来的时候，太阳已经落山了（冬日里，翁根的太阳确实落得早），同时那天我的腿真的很疼。

所以，我根本不是楷模。但是你会发现，成功的企业家有一个共同特征，那就是自律。自律和决心很像，但不完全相同。

决心是战略，自律是战术。

你可以下定决心，找不到一扇敞开的门就决不罢休。这意味着，你已经准备好要努力。你走过一扇又一扇的门，敲门，吃些苦头，然后继续往前走。门会在你面前关上，但这不会让你崩溃。非常好，这就是决心。它代表着你会永远朝着目标努力。

自律是你为了实现目标，必须定义并使用的一种关键方法，它能提供实实在在的帮助。假设你决定每走一小时，就休息 10 分钟并喝些水。如果你有自控力，就能做到。但是，你既可能忘了带水壶，也可能每 30 分钟就停下来歇歇。你会发现，很多诱惑会使你偏离目标。

过去在投资一些公司之后，我和合伙人会请这些公司的首席执行官向我们发送简短的周报，3 行字即可，甚至可以是两个字：度假。大多数公司能够按时发来周报。这很好，能让团队了解最新情况，看看是否有问题需要处理，以免它们变成危机。

有些公司的首席执行官认为发周报很难，其中有一位认为这项任务很艰巨，所以他和副总裁轮流写周报。

有一周，我们没有收到这家公司的周报，因为它的首席执行官和副总裁就轮到谁去写争论不休。

你必须保持自律，无论是对内还是对外。

对外的标准很明确。你向一位潜在的投资人承诺，会在一周内给他一份报告。那就务必在一周内发给他，不要等到第 8 天，也不要等到“大约一周”之后。

然而，对内的标准并不那么明确。你为自己制定了纪律，但只有你才能检查自己是否遵守了纪律。

达娜是 M-Systems 的第一位首席财务官，她在休完产假后回来工作。我们约定，每周 4 天，她可以在下午 4 点准时下班。于是，每周日、周一、周三和周四，一到下午 4 点，她就会“放下笔”。即使大家正在讨论，并且轮到她发言，她也会说，“对不起，已经 4 点了”，然后离开。这是何等自律啊！（顺便说一句，晚上孩子睡着后，她会查看邮件，确保没有错过任何事情。）

你需要制定规则并坚持，这不容易，但以身作则能为你的团队树立榜样。

假设有一个两难的局面：你发现销售人员在报销单上造假，你会怎么做？立即解雇他吗？这样做没错，但是公司会因此而失去他几乎要做成的生意。等几个月，直到交易完成？但到那时，他的过失就变得无关紧要。这是个困难的决定。

该如何做呢？答案是，如果你决定不在公司诚信上妥协，就坚决开除他，即使需要承担一切损失。**这就是自律**。

我真希望自己当初在面对这样的处境时能果断地坚持自己的原则……

7.6　过于热忱

以下是我从军校的定向越野训练中学到的另一课。

在我与阿维、本尼和加迪完成定向越野训练后的第 2 天，指挥官问谁想单独行动。

在那时，能完成单人定向越野的可都是英雄，那才是男子汉！单人定向越野的路线和团队走的路线几乎一样（可能会稍微短点，但不会短太多，因为起点和终点都相同）。你要用心记住所有路线（而不是像之前所说的，分成几个部分），然后独自完成。就在几个月后，一名学员掉进深坑里，据说摔断了肋骨和腿，但没有人听到他的呼救。当搜索队在几个小时后发现他时，他的情况非常糟糕……以色列国防军后来就取消了单人定向越野训练科目。

说回我们的小分队吧，当中只有四五人申请单独行动，我是其中之一。

并不是说我是什么英雄，只是我那时不怕深坑而已（当时根本没有意识到自己可能会掉进深坑），也希望避免像前一天那样的经历。

我第一个到达终点。在定向越野时，个人先到达终点的概率更高，团队的表现则要取决于最慢的成员。团队一路上总有分歧和争论，而我不会。之前说过，我轻装上阵，又因为天气很冷，整个路程我都是跑下来的。那时的我有着不错的身体素质。

随后的一次训练，我也是第一个到达终点。第 3 次也是一样。到第 4 次时，指挥官给我分配了一条长 36 千米的路线，比分给团队的都长。然而，我还是第一个到达终点。

接着就迎来了再一次的定向越野，我们每个人都必须携带一些物品，除了武器、腰带和水壶之外，还要带无线电设备、油罐等。在这次定向越野中，火箭筒把我难倒了。在当时，火箭筒是步兵的反坦克武器，它是一根又长又重的圆柱，上面带有一种防御板。发射的时候，你得把它斜放在地上，然后人蹲在它的后面，以免被火光灼伤。火箭筒非常重，也非常大，在定向越野中，它是你最不想带的东西。据我所知，在定向越野中，火箭筒通常被分配给团队（而不是个人），团队成员可以分担重负。

我想赢，并且沉迷其中。我朝着一座桥上方的某一点沿路跑去，想找到离开公路、进入山谷的确切位置。但让我意想不到的是，那个位置的路面很高，穿过去之后，我不得不从另一侧下坡。当我开始下行时，脚下的砂石开始坍塌。我试图保持平衡，以免向下滑倒。然而，我忽略了火箭筒。它把我拉倒了，头朝下地栽了下去。

我飞出去大概有 5 米远，然后重重地摔了下来，胸部压在了火箭筒的防御板上，筒管则卡在了地里。我的胸部遭受了一记重击，在一阵眩晕后，我昏了过去。

大约过了几秒钟，我醒了过来，却意识到火箭筒不仅撞到了地面，还撞到了我的膝盖。我试着站了起来，所幸没有骨折，只是被重重地打到了。膝盖肿得很大，我甚至没法卷起裤子看看情况如何。无论如何，我跌跌撞撞地走到了集合点，那里并不太远。其他人为我叫来一辆吉普车，我竟然谢绝了他们的好意。

我几乎告别了军训，休息了整整两周。幸运的是，指挥官想留下我。休了一周病假后，我被任命为代理军官，只负责后勤事务，不参加任何实际行动。就这样，我修完了军训课程，但没有得到第一名。

为什么结果会这样呢？因为我太过积极了，总渴望得到第一名。

成功确实需要很大的动力，需要很积极。但必须小心行事，把握好“度”，运用判断力和耐心。

当你在创业世界里尝试开启一扇又一扇的门时，你的动作应该要快，因为时间有限。另一个残酷的事实是，那些敞开的门偶尔会关闭。

但无论如何，都不要粗心大意，也不要因为野心而去轻率地追求快速成功。审视你的路线，也许存在比你的目标更近的一扇门；或许前方有悬崖，如果你不假思索地冲向下一扇门，只会掉下去；或许你能够抵达目的地，但代价是受伤的膝盖和难忍的疼痛。

此外，当你喘不过气来的时候，最好不要去找潜在的投资人，以免留下不好的第一印象。出色的投资人能“嗅出”绝望和压力。毕竟，你真的很棒，没有他们的钱，你也可以做到，不是吗？

结论：**跑步前行，但要控制好你的积极性，聪明地跑起来**。

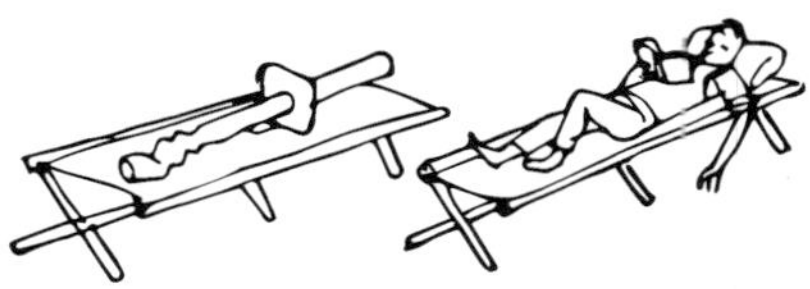

7.7　时机

此刻，我正在翁根的酒店里查看每小时天气预报。外面很冷，天气预报说下午 1:00～3:00，气温会升到 6℃，不过下午 3:00～4:00 极有可能下雨。所以，我决定在 1:00 时出发步行。但在 12:55 时，莫蒂给我发了一封重要的电子邮件，我回复之后，他又很快地回过来，于是我又回复他……等我出发时，已经 1:40 了。

室外的气温约为 6℃，但我感觉快被冻僵了。我只穿了一件 T 恤衫，是否应该回酒店拿上牛仔衬衫呢？但既然已经在大步地走了，我便告诉自己，快速走走就暖和了。当我走在一条被白雪覆盖的小路上时，不远处有一列火车经过。车上有很多裹着大衣的日本人，他们都冲到窗边朝着我拍照，也许他们在说：“看那个本地人，他一点儿都不怕冷。”但其实我很狼狈，也非常冷，只好尽我所能地快走。

2:15 时，竟然开始下雨了，这雨是怎么回事？不是说 3:00 以后才下吗？难道乌云没看天气预报？现在又冷又在下雨，我只好往回走，今天的徒步算是泡汤了。谁叫我不准时出门呢？

有时候晚了，不一定是因为懒惰，反正任务最终都是要完成的。我们只是不想太早到，因为要有效地利用时间，总想在恰当的时间才去做……问题在于，延误很难弥补，而若是早到，只需等等即可。

把握时机是一门艺术，也是博弈论的一部分。

说到时机即一切，我能记起两个例子，一个是时机未成熟，另一个则是时机刚刚好。至于为时已晚的例子，不说有上百个，也有几十个吧。

下面就是时机未成熟的例子。

安永会计师事务所每年颁发的安永企业家奖是一个全球性的奖项。安永的各个分部先选出当地的获奖者候选人，然后再让他们参与全球角逐。安永会举办盛大的颁奖典礼来宣布获奖者。2003 年，我被选为以色列的获奖者候选人。伊齐克·福勒是安永以色列分部的负责人，他一手建立了以色列分部，并将其发展壮大。他跟我说：“**我们相信，有你就有机会获胜。我真的很想赢，为以色列而赢。**”我也想赢，以色列怎么可能以前没赢过呢？我们不是“创业之国”吗？

颁奖典礼在蒙特卡洛举行。那是 2004 年，在度过凄惨的 2001 年后，M-Systems 已经恢复正常，销售额也开始增长。2002 年，销售额从 4500

万美元增长到 6500 万美元，并在 2003 年增长到 1.3 亿美元。我们的产品 DiskOnKey 是一颗冉冉升起的新星，所以我当选的机会相当大。

这场比赛有 5 位评委和 50 名候选人，最终有 5 名候选人进入了决赛，我是其中之一。有一位候选人是美国的一家健康食品连锁商店的创始人，他的成功故事很令人惊叹，是极具潜力的人。我认为他当之无愧，不过没人问我的意见。因为一些愚蠢的原因，他被取消了参赛资格。另外两位领先的候选人是我和一位来自菲律宾的企业家（他在当地创办了连锁汉堡店，供应一种本地招牌菜，而且在与麦当劳的竞争中获胜了）。后来我听人说起，当时有位法国评委说："看，以色列的那位不错，但他的公司在 2001 年亏损了，2002 年收支平衡，直到 2003 年才开始盈利。谁能保证他会持续盈利下去？"就这样，另一位评委被说服了，并且投了那位菲律宾候选人一票。我输了。直到现在，也没有以色列企业家赢得过安永的这项殊荣。

2004 年和 2005 年，M-Systems 的销售额和净利润都在增长。若是在这两年参加评选，我可能有更大的机会获奖，并为以色列赢得荣誉。每当我见到伊齐克时，我们都会对那次与奖项的擦肩而过感到痛惜。但伊齐克对我说："你的健康最重要。"他真是个好人。

再讲一个时机刚刚好的例子。

1999 年末，M-Systems 的主要产品是面向互联网设备市场的 DiskOnChip。销售额在增长，那一年我们的收入是 3000 万美元，离盈利只有一步之遥。与前一年相比，增长非常可观，几乎翻倍了。我们期待 2000 年会有更大幅度的增长。（是的，翻了两倍！）彼时的互联网设备市场非常火热，人们都在讨论它，互联网无处不在。花旗集团的乔尔和马克来见我们（之前提到过他俩）。相对于花旗集团，那时的 M-Systems 还是很小的公司。在此之前，花旗集团对我们是置之不理的。然而，听了我们的故事后，乔尔和马克的眼睛亮了。

“你们打算什么时候开始新一轮的融资？”乔尔问道。

聪明的首席财务官罗妮特答道：“2000 年年中吧，到那时，我们会大规模增长和盈利。”但乔尔本能地问道：“为什么要等呢？现在就开始发行证券吧。”

于是，我们着手准备。在股市里募集大量资金不是一件小事，需要花费很长的时间。几年前，我们首次发行证券。当时的承销商很差劲，他们在第 2 年就破产了。而这次，发行规模很大，而且花旗是主要的投资银行……

我们前往纽约准备招股说明书。戴维是威嘉律师事务所的律师，他吃苦耐劳，虽然还在忙着另一个招股项目，但是他为我们每天工作 15 个小时（我们每小时要付给戴维 1000 美元，还有一队的秘书和助理，也要花掉很多钱）。

1 月底，在安永会计师事务所的大力协助下，罗妮特奇迹般地完成了她的 2000 年报告。全体工作人员夜以继日地连续工作了两周，办公地点是威嘉律师事务所的办公室（那是非常豪华的办公室，就在今天苹果商店对面的大楼里）。周三晚上，戴维对大家说：“干得好，我们即将大功告成。大家回去休息，周一早上再来。预计 3 天内能完成，周五就可以提交了。”

我说：“不，我们留下吧，明天和周五都继续，周日也继续。咱们争取周一提交。”

戴维同意了。其他人不太高兴，但是他们别无选择。其实，我们在周二完成了工作。晚了一天，但也不错。我们提交了招股说明书，获得了美国证券交易委员会的批准，并且发行了证券。

路演的第一天，股价是 18.5 美元。我们做得很好，每一场见面会结束后，与会者都会购买股票。他们都相信发行前股价会上涨，事实的确如此，这就是自证预言。路演持续了 10 天，结束时，股价是 68.5 美元，创下了纳斯达克上市公司路演期间股价涨幅的记录。我不知道这个记录是否已经被打破，但做到这一点相当不错。我们共募集了超过 1.5 亿美元，而起初的目标仅是 3000 万～4000 万美元！

一周后，股市暴跌。

如果我们是在一周后开始路演，就会像很多其他的公司一样，不得不以更低的价格发行证券。多么完美的时机！

如何把握时机呢？我不知道。我只知道，**早比晚好**。

7.8　制造响声

阿尔农·迪努尔曾是 M-Systems 的战略副总裁，也是我的好友。他最近说了一些很有道理的话：“在各式各样应用程序发出的嘈杂声中，要脱颖而出，真是太难了。这些声音就像一片深海，即使你做了非常好的产品，它也可能被吞没，不会有任何人听到。”

为了不被吞没，必须要脱颖而出。怎么才能做到呢？你得做些特别的事情。

你必须有创造力。如果你的产品本身就很独特，那很好，但还不够。**无论是销售、营销还是自我定位，在每个方面和每项活动中，都必须有创意。**

有时我会遇到这样的人，他们对我说："嘿，你看起来人不错，我在2008年的世界移动通信大会上见过你。但那时，你的Modu制造的'嘈杂声'让我觉得很烦，当时我就知道Modu是不会成功的。"（如果你曾经说过这样的话，不要担心，很多人曾对我说过，你只是其中之一。）

后续的对话如下。

"为什么你认为Modu不会成功呢？"

"因为你们不够谦虚。"

"怎么看出来的呢？"

"你们让整个公司的人都飞过来[①]，而且动静很大，搞得整个大会好像是围着你们转似的。大家在所有的地方都能看到你们。"

"被人看到不好吗？"

"不，这很好。但是创业公司需要谦虚谨慎。你们得学会控制开支。"

回到2008年在西班牙巴塞罗那举行的世界移动通信大会。在这次大会上，我们展示了自己的产品：Modu，世界上最小的模块化手机。相比其他公司，我们的规模很小。怎样才能突出重围呢？幸运的是，我们的市场营销专家希拉非常棒，在她的辛苦努力下，我们拿到了一个位置绝佳的外部展位。之所以是外部展位，是因为"登记晚了，里面已经没有多余的位置了"。为此，我们还庆祝了一番。我们在展位上挂了招牌，还带了椅子，这样参观者就可以坐在展位外面。我们把劣势变成了优势。

另外，我让公司的所有员工都乘坐包机过来，每个人的费用是600美

---

① 世界移动通信大会是在西班牙巴塞罗那举行的。——编者注

元，60 个员工就是 36 000 美元。我们还为每个人定做了黑色夹克，夹克背面印有一条宣传语：**重点不是外表，而是内在美**。这和 Modu 外壳的设计理念是一致的。每件夹克的成本大概是 20 美元，60 件就是 1200 美元。此外，我们还备有印着公司标志的薄荷糖，用拇指按下装有薄荷糖的盒子，就可以“啪”地一声打开或盖上，这些花了 200 美元。我们让员工在展会现场四处走动，啪啪地开关这些糖盒。

这趟出差让我们的员工非常激动，因为只有一天，我们不用住酒店。航班在凌晨 5 点离开特拉维夫（我们 9 点到会场），飞回去是晚上 11 点。这次经历非常难忘，很多人注意到我们。在这种大会上，任何印有公司名字的小标牌（现场有几百块）可都要花费数千甚至数万美元。谢谢我的员工，你们展现了令人惊叹的创造力和执行力。

弄出一些响声。

做一些特别的事。

与众不同。

参与应用程序比赛（这样的比赛有很多）。

想想如何在网上推广你的产品。

发表一篇文章，或者更进一步，说服一位记者写一篇报道，讲讲你的产品如何挽救了他的生活。

组织一场步行马拉松，分发带有公司名字的 T 恤衫，并要求参与者在开始步行前下载你的应用程序。

花些心思，就一定能找到脱颖而出的方法。

7.9 合作伙伴

开启创业征途时，你还需要合作伙伴。他最好实力强大，并能在未来帮助你避免令人不快的意外。当然，你需要谨慎选择，他必须是真正的合作伙伴，而不是披着羊皮的狼，也不会试图把你整个吞下去。与你相比，他往往实力更雄厚，经验更丰富，还有更厉害的律师！

比一位合作伙伴更好的是，有两位合作伙伴。

很遗憾，对于如何找到好的合作伙伴，或者如何顺利地合作，我并没有诀窍。若要与合作伙伴友好地相处，必须经过漫长、乏味的磨合。度过“蜜月期”之后，需要不断地维持这段关系。

7.10 美好姻缘：好的合作伙伴

东芝是 M-Systems 最重要的合作伙伴，它与闪迪在闪存元件的制造上也有合作。

1995 年，我第一次与东芝打交道。那时，M-Systems 迫切地希望能从东芝买到一种闪存产品。我去了位于东京的东芝总部（在接下来的数年中，我经常去那里），然后进了会议室。一开始，东芝的人会在会议室里吸烟。

我们从早到晚地坐在会议室里，等到一天结束的时候，烟雾浓得让你都无法看见坐在桌子另一边的人。近年来，这种习惯已经没了。

话说回来，有 10 个来自东芝的人参加了 1995 年的那次会议。我向他们解释了 M-Systems 在做什么，或者更准确地说，我们想做什么。他们当时非常意外。我认为他们中有一半人不懂英语，另一半人则无法理解我蹩脚的英语。事情自然没有办成。

后来，首席财务官达娜等人挽救了这段关系。M-Systems 开始从东芝购买零件，听起来很简单，对吧？其实不然。东芝挑选客户是非常仔细的，我们不得不通过一系列的旅行和晚宴来争取他们的支持。两家公司逐渐开始合作，东芝甚至同意为 M-Systems 制造 MDOC。

有一次，我和优秀的业务发展副总裁阿米尔·提罗什一起前往东芝。在去东京的航班上，阿米尔睡着了。我在飞机上睡不着，于是就拿起他的笔记本计算机，查看他做的演示文稿，添加内容并进行更正。这份演示文稿的重点是关于 MDOC 和零件的订单，以及请求降低价格。看到这，我已经知道前方将有一场激烈的争论。演示文稿的结尾还介绍了我们的新产品 DiskOnKey。我改变了演示文稿的顺序，把 DiskOnKey 的介绍改到了第一页，然后在描述该产品（当时还不怎么流行）的幻灯片后面，增加了一页幻灯片，上面写着“合资企业”。然后，我就迷迷糊糊地睡着了。醒来时，我们已快到东京。飞机在清晨降落，我们从成田机场赶往东芝总部：先乘成田特快，然后坐东京地铁。忙乱中，我忘了告诉阿米尔修改演示文稿的事。

一到东芝，我们就进了会议室。人家已经在等候了，看样子，已经抽到第 3 根烟。这将是艰难的一天。阿米尔打开他的笔记本计算机，准备开始演示。

“这是什么？”他诧异地问道。

“哦，我忘了告诉你，”我小声说道，“我做了些修改，发挥一下吧。”

阿米尔顺势发挥了。当那页写着“合资企业”的幻灯片出现时，大家窃窃私语。东芝的人很喜欢“合资企业”这个说法。这次会议很有成效：我们得带一份全面的计划回来，再与东芝的人面谈。

当时，阿尔农和阿里埃勒负责 DiskOnKey 部门，他们已经出色地完成了部分准备工作。于是，阿尔农和我准备带着关于如何以及何时进行合资的计划去日本。

在出发的前一天，我们还在对计划和演示文稿做最后的改进：合作的细节（零件的订购流程、定价等）、路线图，以及展示形式。

这天快结束时，我们正好看到了闪迪发布的一份新闻稿。在此之前，闪迪没有生产过 USB 闪存驱动器。当我在一次会议上向闪迪的联合创始人埃利·哈拉里提到这个产品时，距离 M-Systems 发布 DiskOnKey 已经过去一年了。当时，他皱着鼻子说：“哦，那个吗？那个简直臭得没法说。”闪迪宣布推出的新产品叫作 Cruzer。Cruzer 不是常规的 USB 闪存驱动器，它看起来像 DiskOnKey，但是没有存储卡。相反，它有一个插槽，可以插入闪迪生产的 microSD 存储卡。它有什么优点吗？我们没有太多时间研究。

晚上 9 点，阿尔农和我上了飞往曼谷的飞机，准备在曼谷转机去东京。我们坐的是经济舱，不巧飞机满员了，我们只能分开坐。到达曼谷后，我们碰头，并向以色列航空公司的休息室走去。我们要在那里等待飞往东京的航班。阿尔农看起来很焦躁，他迫不及待地想跟我谈谈。我问他要谈什么，他却没有回应。我后来意识到，他不想让别人听到我们的谈话。进入休息室以后，我们找到了一个角落，然后他说：“整个飞行途中，我都在想闪迪的这个产品，这个主意真是太妙了，比我们的 DiskOnKey 好太多了。我们的存储容量是固定的，而 Cruzer 的存储空间满了之后，用户可以再买一张双倍容量的存储卡，然后把文件通过计算机传送到新的卡上就行了。闪迪不仅能卖 Cruzer，还能卖存储卡。我们没有存储卡，没机会跟他们抗衡。”

阿尔农不停地说着 Cruzer 的优势，以及我们跟闪迪或任何制造存储卡的公司竞争是多么地无望。

然而，阿尔农不是简单地摒弃我们之前的计划，他还提出了一个解决方案（阿尔农就是这么出色）。他说：“我们也应该制造 Cruzer，不带存储卡。让闪迪销售他们的 Cruzer 和存储卡，而我们专注做 Cruzer，通过我们的控制器和备份软件，再加入更多的创意和创新，把它做成世界上最好的产品。但是不做存储卡，我们在这方面没有优势。”

他还提出了一个具体的建议：“咱们跟日本人说不去了，然后坐飞机返回以色列，把所有人都叫来，宣布我们会专注于这个解决方案，并且会在半年内做出世界上最好的 Cruzer。”

这个主意听起来非常诱人，我几乎就同意了。但是如果你等到最后一分钟才告诉日本人，你不去了，这会给他们留下非常糟糕的印象，因为日本人是不会在最后一刻取消会议的。

我们争论了起来。阿尔农说：“我们回去吧。”我说：“我们已经在这里了，让我们继续前往东京吧。”

最后，我们还是去了东京。

东芝总部的会议室里，12 位日本人已经在那里等着我们，抽的烟越来越多，一时间烟雾缭绕。

小林先生[①]做了开场白：“多夫先生，阿尔农先生，很高兴见到你们。我们已经看完了你们行前发来的介绍，有几个疑问……”就是这样，他们没有提到 Cruzer。然后，我们开始讨论有关合资企业的事情。直到我们忍不住问他们是否看到闪迪推出 Cruzer 的新闻，他们才说：“我们当然看到

① 小林先生十分了不起，他让我至今难忘。我上次见他已是 7 年前的事了。

了，但是你们的产品相比起来更好，无论是在成本还是速度方面，它都为我们带来了价值。”

接下来的事，大家就都知道了。顺便说一句，直到今天，闪迪仍然称其 USB 闪存驱动器为 Cruzer，但此 Cruzer 非彼 Cruzer。最初的 Cruzer 已经死掉了。

总结：永远不要让日本人感到意外！

7.11　更多关于合作伙伴的事

东芝的小林先生和桥本先生要来以色列参观，我们决定用一场直升机之旅来款待他们。直升机将从赫兹利亚起飞，经过 M-Systems 位于卡法萨巴的大楼时，我们的全体员工会在屋顶上向他们挥手致意。然后，直升机会在耶路撒冷降落。短暂的城市之旅后，我们将飞跃马萨达，前往死海，在恩戈地享受按摩和午餐，最后返程。

本以为我们的日本朋友会很高兴，然而事实并非如此。桥本先生的脸色有点苍白。

“**直升机**？你确定吗？”

“是的。”

“也许是一架小飞机？”

“不，是直升机!”

（拜托，朋友们，直升机已经预订了，不能退款，价格非常贵！）

然后，我们的日本朋友使出了最后一招：把回程时间安排到了旅行的当晚，航班将从本–古里安国际机场起飞。只见他们的眼睛里闪烁着希望的光芒……

但是，我们预订的直升机能在本–古里安国际机场降落。于是，我们计划安排日本朋友下了直升机直接走 VIP 通道乘坐回日本的航班。太好了……

那天早上，我们从酒店把日本朋友接出来。他们没有来大厅，是被我们“强行”从房间里拖出来的（开个玩笑）。

到了赫兹利亚机场，他们显然还希望飞不了，特别是在飞行员来了之后。这家伙胖乎乎的，一副睡眼惺忪的样子。

他让我们的日本朋友坐好，然后为他们扣上了安全带。小林先生似乎想跳出去，然而直升机上的安全带可比客机上的安全带复杂多了。他开始祈求，然而发动机开始运转，噪声盖住了他的声音……

事实上，这趟旅行没有太糟。我们的日本朋友在死海岸边享受了非常棒的按摩和美食，每个人都吃得很好。返程途中，飞行员在迷你以色列主题公园[①]上空盘旋了一会儿，让我们可以在 5 分钟之内向日本朋友介绍整个以色列。他们逐渐放松下来，甚至开始享受这趟旅行的最后几分钟。他们是面向前坐着的，我和 M-Systems 的业务发展副总裁阿米尔·提罗什则

① 这是一个微缩模型主题公园，内有以色列著名的地标。

是面对他们坐着的。飞行员准备在本–古里安国际机场降落。就在刚刚落地的那一刹那，阿米尔倒向了桥本，吐出了全部午餐（小林也没能幸免）。就这样，我们的日本朋友在全身都是呕吐物的情况下走下直升机，没有时间去找干净衣服，因为他们的行李已经被放到了飞往东京的飞机上。还有几分钟，他们就要踏上整整 14 个小时的旅程。

和日本人的合作关系应该会就此结束吧？我们是这样认为的。阿米尔让我发誓，不对公司里的任何人说起此事。我确实保守了秘密，直到现在（限制期已经过了，对吧？毕竟已经 10 多年了）。

事实上，合作关系并没有终结。只是后来再见面的时候，桥本会瞬间和阿米尔保持一定的距离。

瞧，我们是多么小心地培养这段关系。与东芝的合作，是 M-Systems 成功的重要基石。

要在你的合作伙伴身上花些心思。不仅要找到合作伙伴，和他们签约，还要经常见面。如果需要出差才能见到他们，也要去做。

要以诚相待。与合作伙伴分享你的成绩、愿景，以及你们的共同目标。如果他们是外国人，就邀请他们访问你的国家，并给予盛情款待。（千万别吐到他们身上！）

7.12　客户

你还需要谁呢？**客户！**

有了客户再创办公司的情况是很少见的，但如果你能在起步阶段就争取到一位或几位客户，那就太好了。

最能说服投资人的就是客户，这是理所当然的。

如果你在开发一款移动应用程序，那么“一位客户”对你来说毫无意义。此时的衡量标准应是数以百万计的用户，专业术语是“唯一身份点击量”。你要关心的是，有多少人下载和使用了你的应用程序，每个月的活跃用户有多少，等等。

但如果是为大型组织开发硬件，乃至软件，**你真正想要的就是某位客户了，而且是越快越好**。

第一位客户可以是微不足道的小公司，你能由此获得经验。通常，这种关系是双赢的。客户的需求能得到足够的关注和满足，你则遇到了帮你找到漏洞的人，他们会解释系统需要做什么。并且，你还得到了一个名字，一个真实客户的名字。在创业竞赛中，这是极其宝贵的财富。

我曾通过 Skype 旁听了一场董事会会议。公司已经有了 8 家客户，但都不是那种“顶级”客户，即名字和声誉会让潜在的投资人惊叹的那种客户。此外，还有一位潜在客户，但是他提出的价格实在是太低了，没有利润。我们的销售副总裁在寻找新的方式与这位潜在客户保持联系。这不是小事……

20 世纪 90 年代末，M-Systems 已经有了 DiskOnChip 这款产品，并且迫不及待地想让它成为互联网设备的标准存储组件。那时，人们都认为互联网设备是“下一个热点”。（确实，它最终成了热点，却是在下一个、再下一个，以及许多的“下一个”之后了……然而，我们那时并不知道这些。）

我们已经有了一个小客户，也有了中等规模的客户，还需要找到知名的大客户。我们希望当提起这种大客户时，人们的反应会是这样的："哇，这么说他们在买你们的产品喽！那你们的产品应该非常好，经过了检验，还很便宜，我也要买。"

然而，WebTV 忽如暴风般面世。电视上的互联网，这个想法多酷啊！开发 WebTV 的公司联系我们，想把 DiskOnChip 集成到他们的产品中。这家公司的销售副总裁是我见过的最聪明的人，他说："你们只是一家小公司，但我喜欢你们的产品。"只是有一个问题：他们能接受的价格是每块 8 美元[①]，而这款芯片的成本是每块 10 美元。

如果 WebTV 公司计划生产 1000 台电视机，那么情况还不算糟糕：1000 乘以 2，为了拿到他们的名字，2000 美元是值得付出的。但实际上，他们计划生产至少 100 万台，甚至 1000 万台也有可能[②]。200 万美元的损失不可小视，尤其是身为一家小公司，我们当时没有充足的资金。

我和同事去东芝见了小林先生和他的部下，他们很恼火。

小林先生问道："为什么你要如此降价呢？你还没卖出去就提出降价？这会引起闪存市场价格下跌……"带着尴尬和沮丧，我们回到了以色列。

与此同时，我们在美国的销售人员也向我们施压："如果两天内不给出回复，他们就会取消订单，去找别家了。"

最终，我们接了这笔订单。

原计划 2 月交付，但 WebTV 直到 10 月才开发完成。9 月，闪存价格下跌，东芝给我们的价格降到了 8.4 美元。WebTV 的首批订单是 10 000 台，乘以每台 40 美分的损失，总共亏了 4000 美元。第 2 笔订单让我们盈

① 顺便提一句，这是 8MB 芯片当时的价格。如今，千倍存储容量的芯片，价格只有当时的 1/3。

② 顺便提一句，这家公司在 1997 年被微软以 4.25 亿美元的价格收购，这在当时是个大数目。

利了，但这已经不重要了，因为在被微软收购后，WebTV 这个产品就消失了。然而，我们成功地利用了他们的名字。如果我没弄错的话，WebTV 的研发副总裁后来成了某家大型公司的高管，负责开发了非常多的优秀产品，他是了不起的人。

即使会有亏损，也要欣然接受第一位客户。在投资人面前谈及客户的名字，得到肯定答复的概率就会高得多。即使客户的规模很小，你也能从客户那里了解到需求和市场，通过客户获得产品的反馈和建议。当然，如果能找到知名的大客户，那就更好了。

而且，客户也是获得更多客户的绝佳途径，一位客户会带来又一位客户。有些人的目标是创办一家公司，然后卖掉，为自己、合作伙伴和投资人赚取可观的利润，这是正当合理的。但你可以有更远大的目标：尽可能多地卖出产品，建立一家大公司。如果你卖得足够多，或许就不用到处去敲投资人的大门（他们可能会开门，也可能不会）。

7.13 唯一不变的是变化

在翁根，我喜欢走到酒店的阳台上，眺望变换的风景。有近在咫尺的，也有遥遥远望的，山峦和河谷坐落其中，小镇也是有的，世事就在那里发生着（似乎小镇在翻修，没有太多游客）。天气也变幻无常。

徒步时，我会选择不同的路线，有时朝着河谷向下走，有时则会向上攀登。每次出行，风景都有变化，我也都能发现新的细节。我在翁根已经待了 20 多天，即将离开，但新的发现还是会让我赞叹不已。比如说，无论从哪个角度和高度，劳特布龙嫩小镇所在的河谷看起来都不同。

创业世界也是如此。随着时间的推移，事情开始变得和最初想的不一样。之前看似简单的事情，现在变得复杂了。之前看似困难的事情，现在变得不再重要。之前所谓的大问题已经不复存在。之前独一无二的解决方

案不再是独一无二的了，但你做的其他事情，最初看起来不重要，现在变得很有意义。

如果看到一座山，不妨试着爬一爬。暂时远离日常生活的喧嚣、永无止境的竞赛、无休止的阔步向前，这样做非常重要。有时候，你需要登上陡峭的山峰，好好地环顾四周。当你俯瞰时，一切都会变小（问题也是如此）。也许，你还会有新的发现，比如一条捷径，或者一扇大门（或许门上写着“谷歌”或“Facebook”）。之所以最初没有发现这扇门，可能是因为你没有留意，也可能是因为它与周围的景色融为了一体，还可能是因为你的注意力都在另一扇门上。

拥抱群山吧。

7.14 成果

你需要拥有好口才。前文提到过，你需要能够绘声绘色地谈论自己的产品、团队，以及你打算如何改变世界。然而，仅仅靠说是不够的。在某些时候，你需要展示自己的**成果**。

假设你已经在种子轮获得一些投资人的垂青，正要跨入下一个创业阶段。这次的征途与以往的完全不同，你的肩上已背负着相当分量的负担——员工、投资人等，你的状况已经变了。

现在，仅仅谈论产品是不够的，你需要展示产品。

现在，仅仅谈论客户是不够的，你需要展示订单。

现在，仅仅谈论**交付时间**是不够的，是时候交付产品了。

创业世界有一个特点：一旦有人得到了“只说不做”的评价，所有的门都会自动地对他关上。对于自己说出的话，你必须小心谨慎，并且要履行自己的约定和承诺。不是说所有的创业公司都必须准时交付产品，并实现所有目标。偶尔的失误是可以接受的——只要你有一个好的理由，最重要的是，你能在稍后回到正轨，并履行承诺。

我想起了住在美国佛罗里达州的乔叔叔发给我的一个笑话。乔在 20 年前买了 M-Systems 的股票，从那以后，他每周至少给我发两封电子邮件，想知道公司发生了什么，以及闪迪的首席执行官桑杰·梅罗特拉在他的季度报告中写的是什么意思。我真的很喜欢乔，也很崇拜他。以下是他发给我的笑话。

一位出租车司机和一位拉比几乎同时到达天堂的大门口。

出租车司机是个光头，全身上下都有纹身，闻起来有些臭，也不知道是什么气味。

门口的天使询问司机的姓名和职业，司机回答了。天使用 iPad 找到了司机的名字，然后对助手说：“给他一顶金冠，还有 Calvin Klein[①]的丝制衣服。”然后，天使对司机说：“欢迎，巴克利，你要去天堂了。在这左转。”

然后拉比来了。天使说道：“姓名、职业。”

拉比回答：“我是乔纳森，来自施瓦茨家族。37 年来，我一直是迈阿密最大的犹太教堂的首席拉比。”

天使让助手去拿一件粗麻布衫，并让拉比向右转。

① 美国时尚品牌。——编者注

拉比很快明白过来，他问天使："为什么？怎么司机去了天堂，而我却……？"

天使答道："我们是以结果为导向的。你每周布道时，每个人都会睡着。而他开出租车载人时，每个人都在祈祷……"

结论：少说话，多做事。

第 8 章

两难困境

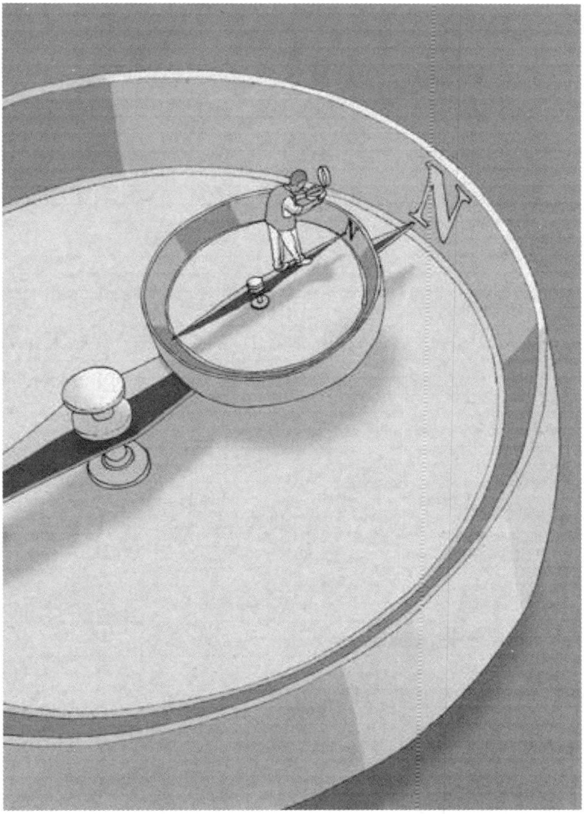

8.1 战略与战术

优秀的公司既需要有战略，也需要有战术。我猜 80%的企业家不知道战略和战术的区别，甚至这个比例可能高达 90%。

有些人之所以不能区分战略和战术，是因为他们不知道二者的定义。如果你问他们有什么计划，他们会说，计划找到一扇敞开的门（投资人或客户），然后跨进门。但这不是计划，而是目标。每个人或多或少都有类似的目标。

如果你有充足的资金和无限的时间，并且不需要和任何人竞争客户或投资人，那么你就真的不需要战略。你可以悠闲地敲敲门，一扇接一扇（从一个机会到另一个机会），直到其中一扇门向你敞开。在百门模型中，开启一扇门的概率是 63.4%，还记得吧？然而，现实是残酷的：你的资金和时间都有限，而且竞争对手还在死死地盯着你。你根本无法悠闲地评估所有的机会。

这就是需要战略的原因。举例来说，运用战略，你可以缩小范围，然后一个接一个地评估机会。比如，缩小地理范围，重点关注美国的投资人。要利用什么战术来实施这个战略呢？举例来说，可以通过研究来决定关注哪个区域市场。

战略要比战术重要得多。

战略决定目标和前进的方向。

战术决定行为模式（如何前进）。

如果你选择的路不通向任何一扇门，那么即使沿着这条路跑到尽头，即使巧妙地避开所有障碍，即使时刻保持极高的效率，你也不会取得任何成就。

我参与经营的所有公司都会制定战略。每个季度，我们还会再次讨论战略。确实，这听起来完全没有必要，毕竟制定战略的基本原则是，战略要为长期发展服务，并非着眼于一两个季度。确实，大多数时候，我们在讨论后认为原有战略没问题，就会继续执行。不过，你偶尔会发现原有战略没起作用，原因有很多。

当原有战略不起作用的时候，就需要改变。

只需记住一点：战略不会好过执行力。这句话很棒，是我从穆利·埃登那里听来的。虽然这句话出自穆利，但他把功劳给了安迪·格罗夫。

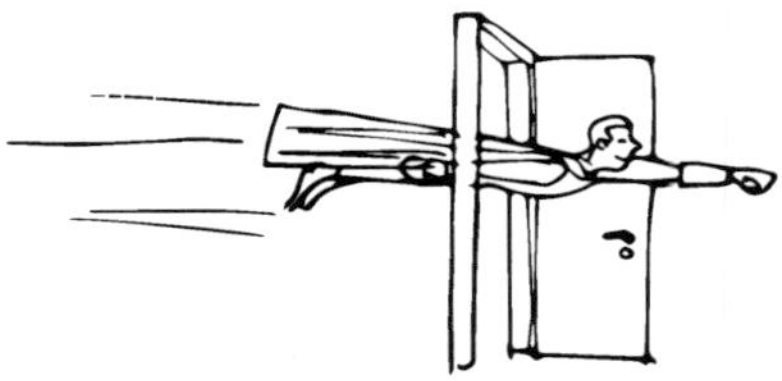

8.2 艰难的短跑与轻松的长跑

在创业世界里，你会经常遇到岔路口：左边是一条长长的路，十分平坦；右边是一条捷径，却布满荆棘。你在岔路口所做的决定至关重要。如果选择捷径，很可能会伤痕累累。但是，不要责怪伤你的荆棘，只能怪你自己没有仔细研究就踏上这条捷径。

在做出向左或向右的决定之前，做好功课。

站在岔路口，你经常没有犹豫的时间。（经常？不，一直都是如此！）因此，你对两条路的研究只局限于表面。

“右边的这条路更短，的确不太好走，但那又怎样呢？我想尽快到达那扇门前……”结果，你就会发现自己不得不攀爬一座陡峭的山峰。

你或许以为我提倡走那条平坦的长路，不是的！通常情况下，你应该选捷径，即使它布满荆棘，也应该这样做。**从不冒险、总是选择安全路线的人通常会迟到。**在经过漫长的旅途之后，你终于到达机遇之门，却时常会发现别人已经抢在你前面，而机遇之门已经关闭……这才糟糕呢！

站在岔路口时，你需要做足功课！

如果手中有地图，就仔细查看。爬上最高的山峰，观察所有的路线。

利用互联网。让人准备一份市场调查报告。和有经验的人交谈，特别是那些曾经遭遇过挫折的人，他们的记忆通常是最真实的。别忘了每个季度都要重新评估战略。

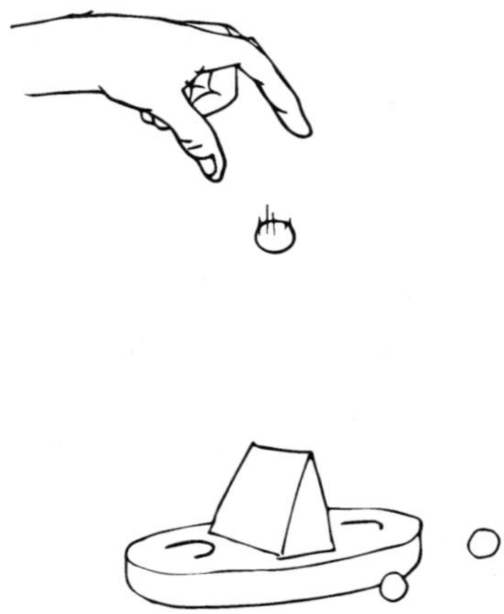

8.3 效率与创新

效率与创新，哪个更重要呢？

2002年，M-Systems的规模还很小，年销售额大概是6500万美元。一天，我接到三星电子首席执行官打来的电话（他后来被任命为董事会副主席，最近退休了）。他想次日来以色列，并约我共进晚餐。我当然同意了。

这位首席执行官的部下为我们预订了包间。我在那里与他见了面。他是两小时前乘坐三星的飞机抵达特拉维夫的。次日早上，他来参观我的公司，随后就离开了以色列。直到今天，我还不知道他此行的目的是什么，可能我永远都不会知道。我的猜测是：他想看看有没有可能把M-Systems买下来。总之，我们坐在包间里讨论了闪存市场、双方的企业文化，以及高新技术产业的未来。然后，我提议把各自公司最重要的六个要素写下来，即“成功的六大要素”。

我和他都写下了自己的清单，然后进行对比。

在这两份清单上，第一项几乎完全相同：他写的是“人”，我写的是“**人最重要**”。

除了第二项，其余的也都相似，或许顺序和措辞不同，但本质相同：决心（或毅力）、努力、勇气、渴望创造价值。

他的第二项是**效率**，我的则是**创新**。

这个列举要素的游戏很有趣，或许能体现两家公司的不同。但无论如何，两家公司都以不同的方式取得了成功。

在高新技术世界里，效率很重要。若在无意义的事情上浪费时间，后果是承受不起的。你必须保持专注。要处理的琐事太多，很容易迷失方向：准备演示文稿，浪费半天的时间组织一次实地考察，等等。这些事情固然重要，但请放手让别人来帮你做。把你的注意力放在最重要的工作上，并专注于为公司创造最大的价值。

创新非常好，要尽最大的努力与先进技术保持同步。但别搞错了，创新可不是低效率的借口！

8.4 创新

和企业家精神一样，创新也根植于人类的基因里。不过，它也存在于公司和国家的文化中。尽管很多人认为基因几乎是固定的，但你可能会发现，公司的文化会随着时间而改变。

3 年前，我去惠普拜访过，这家公司曾是创新的象征。

我向惠普推介了一种革命性的家用计算机，以及富有创新性的销售模式。这是一个拥有全新概念的产品，而且有望与英特尔和微软的产品竞争。

演示后，立刻有 3 个人向我提出了一连串的问题：

“你做过市场调研吗？”

“怎么能保证这个概念会成功呢？”

“用户测试怎么样？”

提问的人真是争先恐后啊……

显然，他们没有听过苹果公司的首席执行官蒂姆·库克是如何回答“怎样决定开发哪些产品”这个问题的。库克的回答大意是这样的：我们不做用户测试，我们只开发我们想使用的产品，并希望其他人也会喜欢。

顺便一提，几十年前，亨利·福特也有类似的见解：在汽车被发明出来以前，如果你问人们，他们想要什么，他们会说："要更好的马，它可以用更快的速度跑更远的距离，还不需要吃很多东西。"

具有创新精神的公司通常不会做市场研究，也不会在新产品上寻求100%的成功保障，而是会在自己的员工身上进行产品和创意的测试。

在错误地任命了几个首席执行官之后，惠普终于失去了它的创新能力。这种改变自上而下地影响公司，最终那些负责日常工作的员工也丧失了创新能力。这正是我拜访惠普时见到的员工的状态：处处装模作样，不愿意承担风险，也不愿意跳出固有的思维模式。2014年10月，惠普宣布公司将一分为二，许多分析人士认为这一举动说明惠普丧失了自己在计算机领域里的地位。对管理层而言，这一举动是有必要的，但也是非常悲哀的。惠普的两位联合创始人或许正在自掘坟墓。不过，从另一个角度看，这也为两家规模更小、更有野心、更进取的公司创造了机会。

有别于应用程序或服务，在研发技术的公司中，创新是有参数可量的，那就是专利。更多的专利意味着更多的创新，如果你没有专利，说明你所做的不是真正的创新。

申请专利有规范的流程，我不打算在本书中深入探讨。如果你有了发明，就必须保护它。申请专利是一个烦人、昂贵、无聊的过程。然而，如果你发明了非常好的产品，却没有申请专利，可能会有人仰慕你几分钟，随后就抄袭你的设计，而且他们会认为这样做是正当的。这就是现代的高科技社会。解决方案是：**申请专利。申请专利。申请专利。**还要我再重复吗？

8.5 创新圈

美国作家汤姆·彼得斯写过一本书，名为 *The Circle of Innovation*，字面意思是“创新圈”。希伯来语的译本将书名翻译为“是创新还是死亡”。我非常喜欢这本书（这个书名在希伯来语中格外押韵）。即使已经取得了成功，也不要停止创新。在高新技术世界里，不创新的人注定会在竞争中落后。即使你的公司已经成长为成功的大公司，也依然处于“试运行期”。

以下是一个例子。

Teac 这家日本公司曾一度主宰软盘驱动器市场多年。曾经，无论是台式计算机还是笔记本计算机，都带有 3.5 英寸软盘驱动器，它们通常都是由 Teac 生产的。2000 年，M-Systems 发布了 DiskOnKey，它更为人所知的名字是 USB 闪存驱动器。从一开始，它就在和软盘进行正面竞争。在很长的一段时间里，我们都一再争取与 Teac 的人见面，但每次都遭到拒绝。毕竟，Teac 是掌控市场的大公司，而 M-Systems 只是从特拉维夫（准确地说，是从卡法萨巴）飞来的令人讨厌的苍蝇。

DiskOnKey 发布 3 年后，就成为了市场的主流。突然间，多家笔记本计算机厂商宣布，新机型不再带有软盘驱动器，显然软盘已经过时了。大约就是在这时，Teac 的高管决定见我们，想讨论有关合作的事项。

于是，我们去了日本。经过两个半小时的讨论，我们一无所获。Teac 想要的是，在软盘驱动器上添加 USB 插槽，以便插入内存卡。我们想不明白，软盘还有什么存在的必要。

会议结束后，Teac 的首席执行官陪我们去大厅等出租车。当时已是傍晚时分，在大楼外的黑暗中，我发现自己和这位首席执行官正单独站在一起，这绝对就是传说中的尴尬时刻。该说的都说了，没有什么新的要谈。邀请他去以色列，或是讨论发布仪式都没有任何意义。

带着日本人少见的直言不讳，他跟我说：“你知道吗？其实我应该恨你。实际上，是你毁了我的生意。我的父亲在 70 年前开创了这份事业，我本该把他的遗产延续下去。”

这是一个悲伤的时刻，我为他难过，也为自己难过。我很同情他。我们就在那里静静地站了一会儿，然后我说：“世界就是这样的，我们都是技术前进道路上的里程碑，每个人也都曾贡献出自己的力量。软盘时代已经结束了，未来某一天，USB 的命运也会如此。我们需要考虑下一代的产品。”

出租车到了，我们握手告别。

这件事发生在 2003 年。我最近看了看 Teac 的股票走势图，它的股票价格曾到过 250 日元，今天已经跌到约 50 日元（此前曾经暴跌到 25 日元）。不过，至少这家公司还活着。我只能祝福它的首席执行官找到一些创新的产品，来帮助公司及其股价重回顶峰。

你是否已经打开了一扇门？是否已经进入了新的世界？不要枕着你的桂冠休息。现在就开始思考下一个创意、下一扇要打开的门，以及怎样去往那里。

8.6　创造力

创新和创造有何区别呢？创新是指做出新的东西，创造则是指做出不同的东西。通常，如果你在创新，意味着你也具有创造力。如果你具有创造力，给世界带来全新的概念，同样也是在发挥创新能力。

无论做哪一件事，都应该发挥创造力和创新能力。

两年前，我在英特尔为高管举办的论坛上做过有关创造力的演讲。

当然，我准备了一份演示文稿。模板取材于一个月前我在特拉维夫为一些刚毕业的工商管理硕士演讲时准备的演示文稿。

其中一项内容是：创造力（和它的衍生物——创新）可以体现在方方面面，不只是开发产品，还包括选择商业模式，进行市场营销以及筹措资金等方面。

图 8-1 所示的就是那页幻灯片。我一条条地解释幻灯片所列的要点，然后就到了那一行：In recruiting people（招聘中的创新）。

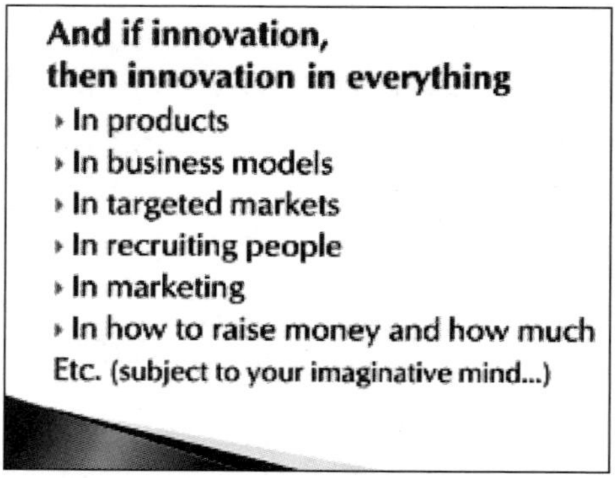

图 8-1　关于创新的幻灯片

突然间，我有点晕，记不起来自己想说什么。还好，我想到了一个主意，于是说道："在招聘方面也可以有所创新，不过咱们是竞争对手，所以我选择留一手，就不在这里讲了。"

很有说服力，对吧？于是，我就接着讲了下去，直到讲到最后一页写着 THANK YOU（谢谢）的幻灯片。

在我向听众致谢后，英特尔以色列公司的老总穆利 · 埃登走上台来感谢我。突然间，人群中爆发出一阵笑声。起初，我俩不知道大家在笑什么，直到我转过头，看向幻灯片。（还记得吗？这份演示文稿的模板最初是为刚毕业的工商管理硕士准备的。）

如图 8-2 所示，这页幻灯片上写有投简历的电子邮箱。

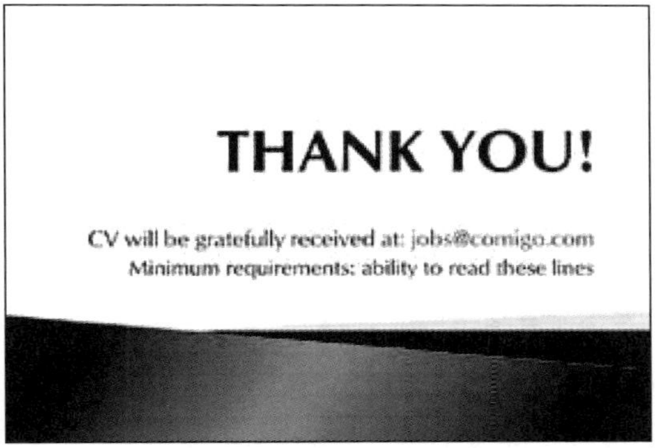

图 8-2　另一页幻灯片

自然，从那以后，英特尔就再没邀请我去做过演讲。穆利认为我具有很强的创造力，特别是在招聘员工方面。英特尔的几位高管意识到了什么是创造力。

有些人很有创造力。有些人很优秀，但不具有创造力。

有些公司的长处在于具有创造力，有些则极为高效或自律，但缺乏创造力或创新能力。这在很大程度上取决于公司的文化。怎样才能改变公司的文化，使公司变得更具创造力呢（除了邀请我去演讲之外）？最重要的是，管理层必须意识到，不可能事事如意。如果更具创造力，可能在效率方面就会差一些。可以肯定的是，一个想有所创新的公司，必须允许员工犯错，必须带着爱去接受奇怪的想法和错误。对那些不是从这样的氛围中成长起来的人来说，要做到这一点可不容易。

若想成为企业家，首先应该努力变得具有创造力和创新能力。这是因为，你是创业世界的新玩家，无论你选择哪个市场，除了发挥创造力，都别无选择。在一个充满竞争的市场中，噪声随处可闻。那里会有超级多的聪明人，而且他们比你更有钱，也更有人脉。那里会有非常多的好公司，它们极其高效。而现在，这些人都在与你对抗。所以，你真的别无选择，只能发挥创造力，发挥创新能力！

8.7 厚脸皮的模仿者

前文谈了创新和创造力，下面谈谈反面：有时候**模仿也很重要**。

还记得我说过自己每周都会给员工和朋友发送“随聊”电子邮件吗？其实，这个做法不是我发明的。

9年前，阿尔农·迪努尔把我介绍给了他的父亲，舒卡·迪努尔。当时，舒卡是某家公司的首席财务官，他很有天赋，会讲故事，十分了不起。他跟我说，他有一个习惯，那就是每2周或每4周向他的员工发送一篇短文。我借鉴了他的这个创意，并且有了自己的特色。舒卡发的是他的所见所闻，我则每周会写一封“随聊”电子邮件。

模仿优秀的创意是合法的，**在其基础上改进也是如此**。

与其盲目地闯入创业世界，不如去向那些有经验的人咨询看看，就像我此前不止一次说过的那样。记下他们找过的投资人的姓名和联系方式，问问能否看看他们的演示文稿，不要对借鉴其中的部分内容而感到羞愧（不要复制模板，也不要复制作者的名字）。从其他公司找一个看起来不错的商业模式，把它作为你自己的运营基础，同时进行必要的调整。

我这辈子看过很多商业模式，其中很多诞生于Excel中，然后不停地添加和修改，最后支出列居然会出现在收入列的前面，毛利率则在最底部。而且文档包含许多链接，让人彻底地迷失了方向。拜托，如果你不能从朋友那里或从网上找到一份像样的商业模式 Excel 文档，将来如何能够找到客户？即便获得投资，之后的财务报告会做成什么样？描述商业模式的文档本该是你的指南，也是你和投资人的参考标准，你怎能糊弄了事呢？

模仿另一家公司成功的营销活动，并做一些适当的改动，也是合法的。最近的一项研究表明，在成功的营销活动中，有 90%模仿了其他国家或市场的营销活动。这是合情合理的，当你知道某个办法会起作用时，为什么还要冒险采用新办法呢？

研究同领域中的其他产品，并从其中寻找灵感，也是合法的。举例来说，如果你计划推出一款类似于 Comigo 机顶盒的产品，研究已有机顶盒的设计会大有裨益。看看什么设计有用，什么设计没用；什么设计吸引眼球，什么设计看起来拙劣；什么设计复杂，什么设计兼顾简洁性和美观性。（二者并不矛盾。多年来，我发现糟糕的设计师做出的产品既不吸引人，组装起来也很复杂。）

并不是说应该选出外观最吸引人、价格也最合适的机顶盒，然后去抄袭。牛顿是怎么说的来着？“如果说我比别人看得更远，那是因为我站在巨人的肩膀上。”你为什么就不能像牛顿说的那样呢？顺便说一句，牛顿的这句名言非他原创，而是最早出现在 12 世纪的文学作品中。

总结一下，如果有任何能让你的创业征途变得容易的事，并且是在法律和道德允许的范围内，那就该去做。成功的案例，可以去模仿；已经设计好并被采用的产品，可以受其启发。走这些捷径，是对自己、投资人和员工应尽的义务。在发挥创造力的同时，也要尽可能地模仿他人。

8.8 专注

大千世界是如此精彩，以至于专注成了难事。

在享用美食的同时，我们盯着书本、电视和手机。在散步的同时，我们东张西望。在驾车的同时，我们听着音乐，任凭路面、仪表盘和“旁边坐着的那个恼人的小家伙”瓜分我们的注意力。

为何所有的咨询顾问都呼吁我们要保持专注？这是因为，在某些场合或情况下，如果不能专注，我们就会完蛋。

以驾车为例。如果突然发现本该停在路口的车正向你冲来，你不会再理会宝宝的哭声，也不会再注意到窗外闪烁的广告牌，甚至听不到车载电台播放的音乐。你会把注意力全部放在对面的司机身上：你看得见他吗？他看得见你吗？他接下来要往哪个方向开？你自己应该加速还是急刹车？一时间，你的大脑会进行非常复杂的计算，你将全身心地追求唯一的目标：避免车祸。

商业世界如出一辙。在某些关键的时间点，**如果不能专注，就会完蛋**。

以下是一则与专注有关的故事。（它也与坚忍有关，毕竟二者密切相关。）

1991 年，我与家人决定从美国纽约搬回以色列，我也将回到 M-Systems。在美国住了 3 年半，我认为已经够久了。当时，我是 Tadiran 公司的分包人，Miltope 公司则是它的代理商。我向两家公司说明了去意，但他们请求我多待两个月。我同意了。

当时，我苦恼于回到以色列之后应该如何创造收益。我在国外负责 M-Systems 的销售工作，一旦回国后，接替我的人必定需要时间来熟悉系统。那时的 M-Systems 根本没有投资人，如果几个月没有收益，整个公司就毁了，我也会跟着遭殃。

早在 M-Systems 正式成立前，我和伙伴们就为 Tadiran 公司开发了一款移动通信终端。被誉为首款掌上计算机的 Palm Pilot 在当时还没有问世。Tadiran 公司在为美国军方做的一个项目中使用了这款移动通信终端，我在美国为他们提供技术支持。正当我思忖回国之事时，美国军方请求 Tadiran 公司为移动通信终端制造可用于某种激光测距仪的适配器。由于预估的产量不大，因此 Tadiran 公司拒绝了军方的请求，这令军方十分不满。我竭尽全力想说服 Tadiran 公司接下这单生意，但也碰了一鼻子灰。

当我和 Miltope 公司的项目经理约翰·多泰尔[①]谈起此事时，他提议 M-Systems 接下军方的项目。

我有些犹豫。一方面，M-Systems 不是制造商，当然也没有制造过此类军用产品；另一方面，既然我要在美国多待两个月，并且没有其他项目可做，为何不试试呢？由于 Tadiran 公司拒绝了军方的橄榄枝，因此适配器供应商会参与竞标（那款适配器主要是由美国军方开发的，因此该项目涉及的其实是制造，而非产品开发）。Tadiran 公司同意 M-Systems 参与竞标，并祝愿我成功。

时间紧迫，我准备得并不充分。因为不了解报价情况，我向约翰·多泰尔的助理咨询，问他单价大约是多少。他的回答是 150～180 美元。于是，我报了 162 美元。后来我才知道，他向两家参与竞标的美国公司也给出了同样的回复。

① 约翰很优秀，我对他的过世感到无比惋惜。

开标日终于来临。我认为无论对方有何意见，自己都必须接受。虽然初始价格并不高，但总比一无所获要好得多。那天，军方代表来到 Miltope 公司，在会议室里与公司高层商讨竞标等事宜。我决定待在会议室外，以便解答军方代表的任何疑问。如何不让别人对我的行为感到奇怪呢？总不能搬一张椅子坐在会议室门口候着吧？于是，我在会议室门口走过来又走过去，这样即使 Miltope 的老总碰巧开门出来，也只会以为我是路过会议室。就这样，我在会议室外足足待了 3 个小时。在这 3 个小时里，我没吃没喝，既没有坐下过，也没有去卫生间，就只是全神贯注地盯着会议室的那扇门。

3 个小时后，门突然开了。大家纷纷走了出来，前往餐厅。我赶紧走进会议室，只见坐在会议桌另一端的约翰正匆匆地翻着文件。“情况如何，约翰？”我问道。

“啊哈！”约翰应了一声后说道，“你就差了几分钱。有家美国公司报了 180 美元，另一家报了 165 美元，你报的是 162 美元。但是，都得加上运输费用。负责运输工作的人说，这种产品在美国国内的运输单价是 4 美元，但要从以色列运过来就得 7.9 美元。这样算来，你就差了不到 1 美元呢。”

如果你是我，会怎么做呢？

请花 30 秒思考。要知道，我当时连 10 秒的思考时间都没有。

即刻将报价降低 5 美元？我猜你极有可能会有类似的想法。

当然行不通！在美国，如果竞标已经结束，完全没有机会更改报价。

所幸，紧迫感一如既往地令我思维敏捷。我对约翰说道：“你们算错了。这种东西永远不会一个一个地运，而是应该按包计算，一包至少 10 个。”

约翰的反应速度也很快，他当即意识到自己的错误，并让助理赶紧去把军方代表找回来。

我被请出会议室。负责运输工作的人又算了一遍：如果按一包 10 个适配器计算，那么美国国内的运输单价是 2.8 美元，从以色列运过来是 4.9 美元。我在会议室外忐忑不安地等待着。半小时后，门终于开了，我被告知 M-Systems 中标。

后来的故事就是，军方对 M-Systems 制造的适配器很满意，于是加大了订单量。随着成本降低，M-Systems 获得可观的利润。公司在 1992 年取得傲人的业绩，也有了足够的资金为民用市场开发旗舰产品，还得以于 1993 年在美国上市。

若没有在那扇门外苦苦等待，我肯定会有截然不同的发展轨迹。或许我会发展得更好，但更有可能不如现在。有人把这种机会比作旋转门，而我更看重赢得这种机会所需的专注力和忍耐力。

你肯定会遇到在某扇门外苦苦等待的情形，甚至不止等待 3 个小时。因为没有足够的时间或耐力，许许多多的创业者选择不再等待。他们急忙赶往下一扇门，殊不知自己已经与机遇之门失之交臂。

8.9　反专注

专注的确十分重要。

危难之时，专注显得格外重要。问题是，高新技术公司（以及其他公司）并非时刻都处于危难之中。这和驾车一样，有时不得过分专注于前方路面，还得眼观六路、耳听八方，甚至听听电台节目。

在下面这则故事里，过分专注阻碍了成功，更准确地说，让成功姗姗来迟。

在1995年，市面上有两类闪存产品：一类采用符合ATA标准的闪迪控制器，另一类就是M-Systems的。后者不带控制器，主要靠软件来模拟磁盘的功能。两类闪存产品都符合PCMCIA标准。后来，闪迪推出了CF卡，这是一种紧凑型存储卡。作为M-Systems的合作伙伴，英特尔则推出了自己的紧凑型存储卡。

当时，M-Systems决定致力于打造两款产品：全世界最快的PCMCIA卡，以及容量达2MB的DiskOnChip。业务开发主管吉尔·米尔德沃思刚好在此时拜访了爱立信公司，并试图向他们销售M-Systems的闪存卡。虽然表示很感兴趣，但爱立信公司的相关人员称他们需要更小的闪存卡，甚至要比闪迪和英特尔提供的标准卡还小。不过，爱立信公司非常欣赏M-Systems的产品，于是派了3位专员来以色列与我们商讨需求。我负责与他们面谈。作为当时的移动市场巨头，爱立信公司需要一款适用于移动电话的闪存卡。一开始，我不太理解。移动电话还需要用到闪存卡吗？在当时，移动电话存储卡的唯一用途就是存储通讯录。100个姓名，好吧……最多500个。用可移除闪存卡来满足这一点需求，简直是大材小用！

其实，爱立信公司当时已经成功地让我们相信，这种闪存卡在未来肯定大有市场。管理层召开会议，商讨决策。不过，大家反复提及“专注”这个词。M-Systems当时的开发部门实在太小，没有能力在开发PCMCIA卡和DiskOnChip的同时还为爱立信公司开发闪存卡。现在想来，是否真的无法做到呢？当然不是。我们完全可以再招募两三人，有效地整合人力资源，鞭策各个项目，等等。但我们并没有这样做，而是回绝了爱立信公司。就这样，M-Systems错失良机，而我们却还在为自己的专注感到无比骄傲。

后来，闪迪接下了爱立信公司这一单。

闪迪为其存储卡取名 MMC（Multi-Media Card，多媒体卡）。的确，MMC 的主要用途是存储音乐和照片，而不仅仅是存储通讯录。闪迪于 1997 年推出 MMC，并在不久后又推出了名为 SD 的修改版。SD（Secured Digital，安全数字）并没有设计保护机制，只不过受闪迪的专利保护，因此很难仿造而不被闪迪起诉（这样看来，“安全”一词主要是为了体现它受闪迪的专利保护）。后来，闪迪还推出了 Micro-SD（一种更小的存储卡），并借此占领了整个存储卡市场。在闪迪享受胜利果实的数年里，M-Systems 只能无奈地等待 DiskOnKey 和 DiskOnChip 在移动市场取得成功。

要点：专注至关重要，但客户比专注还要重要。

8.10　坚忍

成功的企业家究竟有何特质？

睿智？我见过一些成功的企业家，他们并非聪明绝顶。（不过，最好别太愚钝。）

幸运？运气很有帮助，但正如我之前所强调的，勤奋可以带来好运。

人脉广？大多数企业家的人脉并不广。诚然，如果你从哈佛大学或麻省理工学院毕业，极有可能昔日的一些同学恰好正是风险投资人。人脉可谓加分项，但并非成功之必需。

究竟是否存在某种造就成功企业家的特质呢？答案是肯定的，那就是**坚忍**。

对寻求成功的企业家来说，没有什么比坚忍更重要。我将坚忍定义为这样一种策略：持之以恒、锲而不舍、严于律己，再加上一点表演技巧。在某些时候，表演技巧能派上用场，比如投资人对你的提议毫无兴趣，将你“扫地出门”，而一刻钟后，你必须面带笑容地告诉合伙人或员工，自己与投资人的会面很顺利，并且投资人想了解更多信息。

有人这样描述优秀的销售人员：如果你把他们挡在门外，他们仍然会从窗户爬进屋。但是，这对企业家来说远远不够。如果被挡在门外，企业家需要尝试从窗户爬进屋；如果找不到窗户，那么从烟囱里爬进去如何？如果烟囱被堵死了，就应该挖地道。只有使尽浑身解数，撞门、爬窗户、爬烟囱，甚至挖地道，**才能抓住那 1%的成功机会**。

正是因为缺乏这种铁一般的意志，许多创业者没能叩开机遇之门。即便有机会触碰机遇之门，他们也只是轻轻地推了推门把手或敲了敲门。无人应门又有何妨？或许门后的人正忙于处理其他事情。**不要放弃，不要止步于此，再使劲敲敲门！如果仍然得不到回应，就该捶门，甚至用肩膀撞门。不过需要小心，或许这扇门已被封死，你需要保护好肩膀，以便下一次破门……如此锲而不舍，直到机遇之门向你敞开。**

8.11　老人与海

我曾在 Modu 日渐式微之时给一些同事写过一封邮件。以下是邮件的内容。

上周末，我在报纸上读到一篇评论海明威著名短篇小说集的文章（作者是乌齐·韦尔）。海明威这个名字令我陷入了回忆。

作为几乎读过海明威每一部作品的人，我热爱《岛在湾流中》，也被《丧钟为谁而鸣》深深地触动，《老人与海》则是我的最爱。

上初中时，我已能熟读《老人与海》。当时，大我 3 岁的姐姐在做作业时需要阅读这部小说。所以，我有幸在家里翻阅。当时的我简直就是书虫。家里没有电视机（仔细想想，似乎是有的，但是当时并不流行看电视）。我大部分时间都宅在家里读书，有时一天能读完两本。我的阅读范围很广，从图书馆的书到朋友的书，都有涉猎。

《老人与海》令我产生了共鸣。我读过许多遍，对它的内容早已烂熟于心。尽管已经过去数十载，但我仍能背得滚瓜烂熟。

但就在今晚，当与孩子们一边享用周五的晚餐，一边讨论海明威的时候，我忽然灵光乍现，对自己有了新的认识。

我并不了解书籍如何影响他人，以及影响程度如何，但《老人与海》对我产生了深远的影响。

我并非圣人，却也并非愚人。我并不算强大，却也并不柔弱。平凡的我唯有一点执着，那就是**对实现目标的决心，那是一种对成功的渴望**。

今天下午，我在家中找到一本旧版的《老人与海》，于是决定重温这个故事。坚忍的老渔夫再次打动了我。

风烛残年的渔夫险些被大海吞没，但他仍然带着鱼骨架回到了岸上，也算是凯旋而归。

我必定会打赢 Modu 这场仗，纵然我需要扬帆远海，纵然最后陪伴我的只有一叶小舟（虽然岸上有我的几个孩子在苦苦等待），纵然与我搏斗的鲨鱼更残暴、更狡猾，纵然鱼比我想的更大，纵然我已经犯过几次错误，背部已经受伤，左手几乎不能动弹。

我会捕回来什么呢？是活生生的大鱼（最大的一条），还是奄奄一息的鱼，抑或只是鱼骨架？对于这些问题，我暂时无法作答。

我坚信我们会打赢这场硬仗，也坚信付出是值得的。

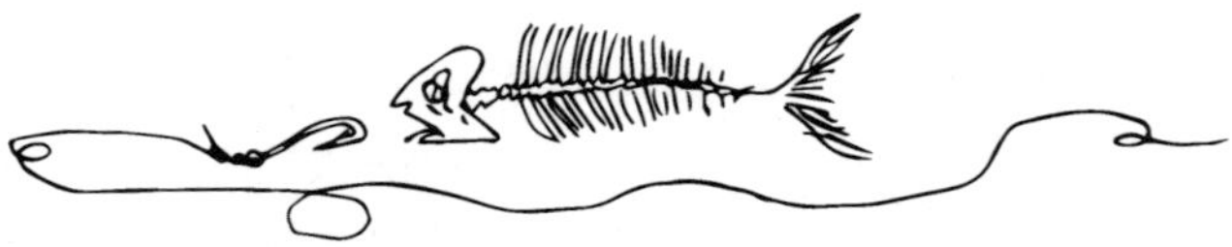

多年后，这封邮件令我黯然神伤。正如老渔夫一样，在 Modu 的拼搏只为我赢得了鱼骨架。坚忍是极为重要的品质，但有时**需要为之付出代价。创业并非参加野餐会，成功并非唾手可得**。代价是昂贵的：你的整个生活会变得喧嚣不安，并且充满了变化与冲突。你每天都把工作带回家，也会时常四海为家。你的大脑会一直同时处理多件事。

不过，我并不认为老渔夫会心甘情愿地在一些无趣的文书工作上虚度光阴。

8.12 不撞南墙不回头

阿夫纳·舒尔在其杰作 *Team Itamar* 中描绘了他在以色列特种部队 Sayeret Matkal[①]服役时的经历。

其中一个故事讲到第四次中东战争。1973 年 11 月 1 日，当时的戈兰

① 以色列国防军主要的情报搜集特种部队。

高地已进入攻坚战。黑门山的一侧被叙利亚占领，不过叙军后来撤退了，这里随即被以色列空降部队攻占。据说，部队当时的状况并不好，他们急需救援。负责营救行动的是特种部队 Sayeret Matkal 的指挥官约尼·内塔尼亚胡。参与这次行动的共有 12 名特种兵，其中包括约尼的哥哥伊多。营救小组徒步登山。他们并没有携带精良的装备。登山过程艰辛，士兵们一路与严寒、风雨和冰雹抗争。营救小组几乎要被暴风雨淹没，更糟的是，一名队员情况不佳，行程变得更艰难。一架直升机前往支援，却无法定位营救小组。有队员报告："一人情况危急。"与约尼在一起的队员建议撤退，但他没有同意。他不能撤退，这可是特种部队啊！又有报告称"一人坠落"（意思是有一名队员牺牲）。正在这时，驻扎在山上营地的空降兵营救了本是前来营救他们的两位特种兵（这两位已经出现抑郁情绪）。原来，空降部队在山上找到一个适合驻扎的山洞，有干净的衣服穿，还生了火取暖。由于与山下的大部队断了联系，有人误以为空降部队急需救援。几小时后，天气转好，赶来营救的直升机营救了营救小组……

顺便说一句，那两位出现抑郁情绪的特种兵后来在医院里待了一段时间，其中一位是奥马里·帕丹，另一位是洛尼·赫茨科维茨。两位在退役后都创办了成功的事业：前者拥有麦当劳在以色列的所有门店，后者是索尼的进口商。可以想象，如果那位牺牲的特种兵还活着，将会是什么模样。

这个故事令人反思。营救小组体现出坚忍、勇敢和不怕牺牲的精神。约尼只是接受了一个任务，并按照自己和特种部队的价值观指挥行动。如果换成其他指挥官，可能会提前下令撤退，或者请求医疗队救援。这样一来，那名战士的牺牲就可以避免。此外，坚忍还有另一个问题。

有时，企业家需要停下来思考，调转方向，沿着另一条不会导致伤亡的路重新开始。

等等！这不是自相矛盾吗？我不是刚刚还在宣扬坚韧不拔、永不放弃、坚持就是胜利吗？如何区分“不撞南墙不回头”的固执和“坚持不懈，直至撬开机遇之门”？

说实话，我并不知道答案。

重要的是，不要试图破墙而入，而是应该找找门……如果必须破墙而入，不要把头当作大锤。你会需要它的。拿一把“锤子”（朋友的建议），或者找一把“斧头”（向你的投资人及有经验的人取经）。打破你需要打破的墙，而不是被墙撞破头。

阿夫纳·舒尔在他的书中描述了 Sayeret Matkal 的特种兵如何痴迷于不断地向每个人证明自己，他们对挑战极限充满渴望……但如果这是行动的动机和动力，那就不好了！如果驱动你的是“向他人展示自己”的欲望，那么你对事物的评判标准将会出错，并且极有可能失败。**企业家需要不断地打磨自己的评判标准，必须一直确保自己走在正确的道路上，并且时刻在成功机会与风险之间取得平衡。**

不要为了向他人证明自己而走上创业之路。

当事情看起来并不顺利时，不要指望会好起来。如果遇到死胡同，要考虑回到起点，或者尝试新的角度。

坚忍是优秀的品质，但需要灵活待之。

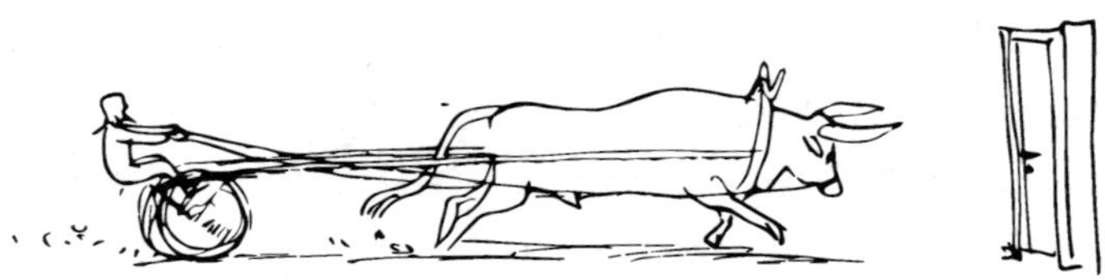

8.13 另一个关于坚忍的故事

在将 M-Systems 卖给闪迪公司之后，我创立了 Modu。

2006 年年中，我有了做模块化手机的想法。6 月 6 日，我给 M-Systems 的管理层发了一封电子邮件，并在其中描述了我的想法。我想做一款可以按需配置的手机。这个点子从何而来呢？其实，我也不知道，可能是我自己有这样的需求吧。但那时我已经感觉到，在不久的将来，手机将成为人们日常生活的重要组成部分。

融资过程很顺利，我自己和闪迪公司分别各投了 500 万美元（后来，我又增投了 1000 万美元），还从以色列的两家风险投资公司那里筹集了 1000 万美元。与此同时，我努力婉拒其他一些想投资的基金公司，那时我并不希望得到它们的投资。

正是在这时，我犯下了人生中最大、最严重的错误。我不应该从小型风险投资基金融资。创办一家开发、制造和销售手机的公司需要很多钱——这些事的成本非常昂贵。尤其是，我们当时计划制造一款非标准手机，一切都需要从零开发。如果从小型风险投资基金融资，在第 2 轮融资时就指望不上它们。Modu 需要很多资金。“很多”是多少？就是比“很多”还要多！

为什么这类公司需要这么多资金呢？如今，开发手机相对容易：选择 Android 作为操作系统，几乎不必做额外的配置，而且通常可以依赖中国的合作伙伴对他们正在生产的东西稍作修改即可。但 Modu 的情况不同。在这类公司中，尤其是在操作系统和配置仍然不规范的那个年代，需要硬件工程师、软件工程师、设计师、机械工程师、生产工程师（或可以监督生产的工程师）、物流和采购人员，以及负责销售、营销和业务开发的专业人员。别忘了，还需要人力资源主管，以及精通射频、音频和天线的专家，更别忘了设计经理和质控经理，以及 ASIC[①]程序员，等等。所有这些都是为了实现一个目标：开发出世界上最小的手机，以及一系列配套产品。

① application-specific integrated circuit，专用集成电路。——译者注

2008 年 2 月，Modu 在世界移动通信大会上[1]公开了一款出色的可用原型，正如 7.8 节提到的那样。各方反响都不错。然而，金融危机来临，股市崩溃了，融资之路举步维艰。

我们当时的想法是，必须让我们的硬件合作伙伴构建硬件，让软件合作伙伴设计软件，我们的团队则重点解决连接问题以及开发支持模块化和各种功能的软件。

2 月，我们商讨是否要在年底推出该产品。在我看来，这个时间估计得太保守了。我们的团队很快就为在世界移动通信大会上的亮相开发好了软件，似乎已经万事俱备。

到了年中，我们发现当初委托开发软件的公司没有取得进展。我和软件开发经理尼塔莉一同拜访了那家公司的首席执行官。他称，由于自己解散了在韩国的某个团队，并且项目开发地一直在变（他们在美国、以色列、印度、韩国和克罗地亚都设有研发中心），因此开发工作稍有延迟。这理由听起来很有说服力。不过到了 8 月，我们接到通知，才知道这家公司面临倒闭——由于无法募集到更多资金，高层决定在已经接受大规模投资的情况下解散公司。

我们该如何是好呢？

我们应该这样做：充分考虑所有的选择，分析每个选择的重要性，仔细研究风险和机遇，并选择正确的解决方案（这是一定能找到的）。

然而，我们惊慌失措。

显然，碰上这种事定会导致项目严重逾期。我们担心，如果不硬着头皮继续开发，投资人就会撤资，而公司则会分崩离析。

---

① 世界移动通信大会是全球移动行业最大的年度盛会，每年在西班牙巴塞罗那举办。

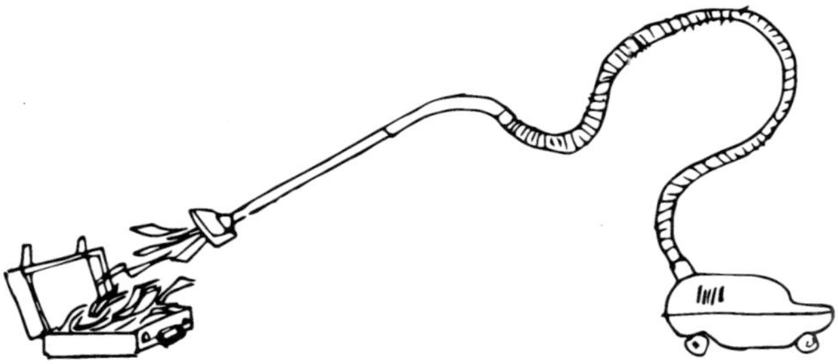

因此，我们做了一个糟糕的决定：从该公司的合并方购买软件，并将他们的软件开发人员从世界各地聚在一起，试图自己完成开发工作。

这真是十分糟糕的主意。该软件有 400 万行代码，有些是用一种既古怪又难用的语言编写的，还有一些则是可读性极差的汇编代码。更有甚者，一些代码完全缺失。为了征服浩瀚的代码汪洋，我们组建了庞大的程序员团队。在与无数个 bug 搏斗之后，我们的程序员不堪重负。这些代码是由身处多地的多个团队编写的，它们就像黑洞一般，吞噬着我们的精力、动力和数千万美元。黑洞深处，正是编写这些代码的那个已经消亡的公司。

从那以后，Modu 就像是在攀爬一段很滑的斜坡。我们努力向上爬 5 米，很快就滑了下来，回到原地；我们以巨大的毅力和决心又往上爬了 10 米，却很快发现自己重新回到谷底。那些或成功或失败的融资使公司的决策产生了偏差。举例来说，我们当时开发的第二代产品采用了高通公司的芯片。高通是一家伟大的公司，它的芯片也非常出色。但当时，高通坚持让 Modu 采用一种相对陈旧的模型。（难道高通想倾销库存？）这款模型基于高通自己的操作系统，不能运行 Android。因为高通有意投资，所以我们没有过多地反对。

最后，我们还是决定采用更温和的做法：与一家中国合作伙伴一同推出基于 Android 的产品。但即便如此，潜在的投资人也都退出了。我们没法筹集到更多的资金，公司也没能逃过分崩离析的厄运。

何以至此？

原因在于，Modu 在转折点犯了致命的错误。在那家软件公司倒闭的同时，Texas Instruments 公司宣布停止为 Modu 提供组件。很明显，为 Texas Instruments 定制软件的做法不再可行——在这个转折点上，我们判断失误。

或许实际的情况更糟：**我们根本没有判断**。我们继续大步向前迈进，就像那只卡通兔一样继续奔跑，却未能意识到脚下的土地已经消失。

在 Modu，我们已经找到了机遇之门。在伸手开门时，它却消失了，取而代之的是一堵墙。我们用头、肩膀和腿不停地撞击那堵墙，直到粉身碎骨。

为何会这样做呢？因为我来自 M-Systems，其最浓郁的文化就是坚忍。“我们保证在年底前推出产品。好吧，也许会有延迟，但不管怎样，我们都会把它推向市场……”

我们又回到了那个至关重要的问题：如何知道自己面对的是已经封死的门，还是只要坚持就能破开的门？真希望我知道答案。无论如何，请与你的朋友、主管、客户和投资人多多交流。最重要的是，提前问问自己对成功的标准是什么，并不时地根据**你的成功标准**考查自己。

不过，真的能找到自己想要的答案吗？未必！但不要自欺欺人地以为一切都会突然间好起来。面对窘境时，要考虑替代方案，多尝试其他机会。选择正确的解决方案，即使它当前令你相当痛苦，即使它**暂时**令你看上去失败或犯错。

与其在错误的路上越走越远，最终一蹶不振，不如尽早失败，然后站起来继续前进。

8.14　回头亦无妨

俗话说“一失足成千古恨，再回头已百年身”。然而，并非所有抉择都如我在 Modu 时所面临的那么惊心动魄。

我们的世界有很多条路。当发现自己走错路时，正确的做法就是直接承认：“我错了。让我们回到前一个岔路口，走另一条路。”

我在翁根已经住了 3 周了，也已经相当熟悉附近的小路。然而每天在散步时，我仍然能发现有趣的新路。有一次，我徒步去之前已经去过多次的一个地方。我发现一段很陡的下坡路，认为自己知道它的走向，而且这段路的长度符合我计划步行的距离。

周围全被白雪覆盖。一定有一辆拖拉机在不久前沿着这条小路开过，在雪地里留下长长的一道压痕：中间是一条雪道，两侧是融化后的雪水。水流很弱，但走在泥泞的路上真是了无生趣。我小心翼翼地走在中间的雪道上，脚后跟不时地陷进雪地里。就这样，我一步一步地走着。翁根在北面，但我实际上正沿着这条弯曲的小路朝南走。路边没有任何路标。当我经过视线所及的最后一所房子后，发现这条路一直通向南方。前方的路面有更厚的积雪，山上的雪融化后流到路边，使前方的路更滑、更危险。

前方 50 米处有一个弯道。要继续往前走吗？我决定一试。到达拐弯处时，我意识到方向并没有改变，但就在 300 米开外还有另一个弯道。于是，我在泥泞中又走了 300 米。你可能已经猜到接下来发生的事情了……拐弯后，方向还是错的，而前方 100 米又出现了一个弯道……

我站在那里，告诉自己应该转身。现在我别无选择，只能往回爬。在回去的路上，我在每个拐弯处都停下来，回想自己之前究竟为何要继续沿着错误的方向走。

事情还不算太糟：我没有受伤，只是走错了路而已。如果我耗尽了所有的精力或遇到危险，那可能会很糟糕。走在翁根的这条小路上，我可以轻易转身。我只是一个人，没人看见我。只有我和我自己。

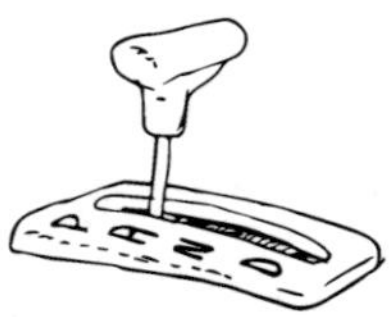

在创业世界里，所有人都紧紧地盯着你，转身并非易事。做决定之前，你必须思考一个问题："在我的团队成员离开之前，或者在投资人受够之前，我能有几次犯错的机会？"

在每一个重要的转折点，都必须停下来**重新思考**。思考所有的选择，向朋友或董事会成员请教。不要因为你在前一个转折点所做的决定而盲目前进。

在 Modu，我学到最痛彻心扉的一课。对我而言，这一课并不轻松，因为**它似乎与坚忍这一价值观相矛盾**。

有人会问："你现在就完美了吗？"不，我仍在努力找到平衡：一方面**下定决心**；另一方面**运用判断力**。

8.15 明智远比正确重要

很多人知道这个道理：明智远比正确重要[①]。但是，有多少人将它作为行事准则呢？

当带领一大群人走在一条小路上时，你听到有人嘀咕："走错路了""很危险""我们应该在 4 个路口前就左转"，如此云云。你可以不理会这些声音，继续往前走。正如你所见，你知道正确的路在何方，而其他人不知道。事实上，你可能比其他每一个人都聪明。这样想并没有错，你是总揽全局的企业家，要对整体而非局部负责。但有时，即使**知道**脚下的小路会引导你走上大道，你也应该聆听手下的意见，甚至沿着他们建议的方向走。

如果走的路是对的，你最终会站在正确的地方接受称赞。但这真的是你想要的吗？你想要的应该是充满自信、敢于直抒己见的团队成员。**在你需要悬崖勒马时，这些人能够朝你大声地发出警告**；在未来的数年里，这些人能够伴你左右。如果你忽视这些人的意见，他们可能会仰视你几个小时，之后便转身去寻找其他栖身之处——在那里，有人愿意倾听他们的心声。

---

① 顺便说一句，这句话是由已故的阿哈龙·希米在为保险公司撰写文案时创造的。原话是"在路上，明智远比正确重要"，但这个道理不只适用于驾车。

在会议上，当有人提出某个想法之后，其他人通常会轮流发表意见。假设与会人员共有7人，其中5人认为方向甲是正确的，其余两人（包括我自己）认为方向乙才是正确的。我会怎么做呢？在大多数情况下，即使清楚地知道方向乙是对的，我也会说："我们就试试方向甲吧。"我对未能说服员工选择方向乙负全责。即使事后大家发现方向乙果然是正确的，我也永远不会当"事后诸葛亮"。

有时，优秀的领导者需要允许自己这样说："你们都赞成方向甲，而我知道方向乙是对的。通常我会听你们的，但这次我们要选择方向乙。"（对我来说，这种情况每隔几年才发生一次，因为我只有在真正重大的决定上才会这样说！）**你并不是要做到民主，而是要以民主的方式做到理性的"独裁"**。如果处理得当，即使之前选择了方向甲，你的员工也会在这样的场合支持你，并说服公司里的其他人选择方向乙。这就是领导力的构建方式：在危机时刻积累声誉。

如果在沿着方向乙行进时发现不对劲，一定要及时停下来。**承认自己的错误**，并寻找去往方向甲的路。

1997年，我在美国加利福尼亚州结识了戈登。（出于显而易见的原因，我在此不提及他的真名，就叫他戈登吧。）他是很有魅力的人。据他称，自己的公司也开发了一款CF卡（"几乎就要推出了"），而且与闪迪公司的热销款相似。他的公司的确拥有这项技术，其年销售额几乎与M-Systems的不相上下（我记得M-Systems在当年的销售额是800万美元左右）。戈登与我侃侃而谈，不仅告诉我那款新产品所用闪存的成本（令我恼火的是，竟然比M-Systems的还低），而且还描述了他们正在开发的控制器。可谓十分坦诚！

M-Systems拥有控制闪存和DiskOnChip的技术，并且这项技术正在逐渐得到认可。戈登的公司似乎前途光明——即将推出一款能与闪迪公司的产品竞争的CF卡。这如同天作之合：戈登的公司有生产线，M-Systems

没有；他们可以在东亚销售我们的产品，我们则可以在欧洲和美国销售他们的产品。戈登的公司尚未开拓欧洲市场，在美国的根基也不如我们。

我提出合并，这是收购的委婉说法。M-Systems 是上市公司，戈登的则是私营企业。按照他的说法，该公司的市值并不高。我们没有异议。

第一个不好的兆头是，戈登来以色列协商时没带律师。他说："为什么要把钱浪费在律师身上呢？"戈登看得懂合同，但他说自己"不吃那一套"。第二个不好的兆头是，尽管双方已经达成了股份交换协议，但他临时提出，要为自己和合伙人谋得 100 万美元（在当时，这可不是一笔小数目）。尽管如此，我们还是签署了协议。

两家公司举行了股份交换仪式。在这种场合下，通常应由双方的律师交换一份文件；但我们交换的是实实在在的股份。我坐在那里，花了数小时为每一股签字（你即将看到，这很重要）。

仪式很顺利。之后，我去戈登的公司与员工见面。一切都好，除了有一个问题：他们大多不懂一个英语单词。不过，戈登可以充当翻译。我向他建议，我每说两三句话，他就翻译。但他朝我挥了挥手，好像是在说："你只管讲，我会在最后翻译。"于是，我按照预先准备好的讲了 10 分钟，内容包括价值观、合作、新兴市场，以及两家公司如何联手占领全球市场。

然而，戈登翻译时只说了 30 秒。我从来不知道还有如此简化的语言！

我后来找到塔勒，一位有抱负的年轻律师。塔勒恰好想进入商界，而且希望成为"我们的人"。于是，我派塔勒和他的会计师妻子莉奥拉去了戈登公司所在地，为两家公司做联络工作。

这是我犯的又一个错误。塔勒和莉奥拉都语言不通，于是两家公司同意将英语作为工作语言。但在两次管理层会议之后，戈登对塔勒和莉奥拉说，用英语讨论太慢，他提议自己可以偶尔担当翻译。虽然这次用了同一种语言，但是戈登的用词比例仍然是 20：1——有人说 2 分钟，戈登会在 6 秒内翻译完。很快，连翻译都被省去了，塔勒和莉奥拉发现自己完全被孤立。

合并后的第 2 个季度，我们发现金库里少了几十万美元。钱去哪儿了呢？原来，戈登用这些钱为一家韩国客户购买了生产调制解调器卡所需的组件。“戈登，我们是做闪存卡生意的……你的 CF 卡呢？应该已经在生产了吧？”我们问他。戈登回复说：“快了……快了。”然而，他做事非常随意，喜欢从一个商业机会跳到下一个。他的整个行为方式让我们觉得，公司是属于他的，而我们“不应该妨碍他”。

又过了一个季度，到戈登的公司向我们发送财务报告的时间了。我们会将戈登的报告与自己的合并，然后提交给美国证券交易委员会①。然而，问题出现了：戈登的人说因为会计在休产假，所以他们无法提交财务报告……对这一切，塔勒和莉奥拉毫不知情。

这可真令我措手不及！如果是你，会怎么做？

请花 20 秒思考以上问题。

由于自己的某个分公司拒绝配合而没能按时提交季度报告，这种事情对上市公司来说简直闻所未闻……

至此，我意识到自己走错了路。现在不得不与戈登分道扬镳，而且要快、要彻底。我当时考虑要解雇戈登，但不能这样做，因为我无法掌控这

① 每一家在纳斯达克上市的公司都必须每季度向美国证券交易委员会提交财务报告。

家分公司，而且戈登的亲信遍布公司的各个角落，包括送餐的女人……

我在一封信中写道："戈登，我们需要谈谈。"但是，他消失了。我和首席财务官罗妮特继续追寻他的行踪。听说他在加利福尼亚（那里有他们的分部），我们前去找他，却被他的秘书告知他已经走了。我们又追向他。戈登在哪里呢……

最后如何了呢？还记得上文提到戈登在以色列签的那些合同吗？当时，我们忠实的律师曾根据戈登的空口描述在协议上写了有关公司介绍、业务、专利等方面的内容。现在回想起来，有些描述是如此之假，恐怕连戈登也不能自圆其说，除了解释说，**当我们问他时，似乎就该说那些话**。

我们给了戈登两个选择：要么在美国面临诉讼，要么取消合并。你可能猜得到他选择了什么——他高兴地取消了合并。但是，他无法偿还所收的百万美金，因为他已经用这些钱买了一栋新房子。好吧，与我们必须处理的其他事情相比，这算是一枚小小的苦果。

当我们把戈登的股份还回去，并打算收回属于我们的股份时，新问题出现了。他对一切都表示同意，但他当时已经把自己持有的 M-Systems 股份中的约 1/3 给了自己的朋友和家人。为什么？因为这些人投资了他的公司——我们合并的那家公司——股份是他欠这些人的。他需要时间拿回那些股份——亲自上门去拿。那么，他需要多长时间呢？大约 3 个月，或许半年，又或许有些人并不希望用 M-Systems 的股份与他的原始股份进行交换。尽管戈登相信他的股份价值更高，但有些人并不这么认为……

我们应该怎么办呢？

我们知道，若现在做不到完璧归赵，以后就永远失之交臂了。我们考虑持有他公司的一些股份，作为未"找回"的股份的抵押品。这是因为，如果头上没有悬着一把剑，他显然不会"努力"去找。但罗妮特提醒说，如果要保留另一家公司的股份，就必须合并两家公司的财务报告。这简直就是噩梦！因此，我们拟了一份协议，要求戈登在一年内返还股份。

戈登没有履行承诺，我们也并没有起诉他。我们还知道，在取消合并几个月后，这些股份就被卖掉了。

两年后，M-Systems 的股价从 6 美元涨到了 96 美元（这是在 2000 年末股票分割之前）。此时，我与戈登在一个展会上再次相遇。他的公司在展会上有一个小展位，就像那种毫无技术含量的公司的小展位一样。我满脸笑意地询问他近况如何……

如果当时我没有回头，早就被戈登拉入泥潭了。如果我坚持要走正确的路，并起诉他，对他穷追不舍，M-Systems 很可能会在与他的持续斗争中经历无尽的痛苦。我被迫吞下的苦果——消失的股份——和西瓜一样大。我咽下了，疼得要命。这样做并不公平，却是明智的，也是值得的。

创业之路布满荆棘，你不得不咽下许多苦果。这些苦果会让你苦不堪言。咽下苦果并非正确做法，但如果这样做是明智的，就勇敢地咽下去吧。品尝苦果的滋味，并在最终成功时，为自己和员工准备大量的冰淇淋。你们值得享受那份苦后甘甜！

第 9 章

逆流而上

9.1 负担过重

有时，你轻装上阵，但很快就变得笨重。当然，你对这个变化毫无察觉。怎么会呢？研发副总裁找到你，说团队的工作量大到令人崩溃，并且希望你能够多分配两三个程序员，不然就“无法按时完成工作”。营销副总裁也来找你，说如果没有产品经理来决定应该开发什么，公司即将四分五裂，因为“研发部不应该一意孤行”。

有时，你背着重重的行囊上路，减负变得更加困难，因为你甚至不知道减负后何去何从。

沉沉的负担令你行动迟缓。你千辛万苦抵达机遇之门，却发现门已经合上。你不能轻易改变方向。你忙着顾好背上的行囊，却顾不上看前方的路。在抵达机遇之门前，你已经吃光了携带的食物，也喝光了水。当发现没有足够的资金来支撑整个公司抵达下一个里程碑时，你有 3 个选择。

解散公司。这可算是遇到大麻烦了。只有在走投无路时，才可做此选择，比如产品找不到一个买家，或者没有一个投资人愿意注入资金。不过，正所谓“车到山前必有路”，办法总会有的，你永远不会走投无路（好吧，我向本书编辑屈服：应该说是几乎永远不会走投无路）。

开始慢慢地裁员。这真的很难。员工耳聪目明，他们会注意到有些同事消失了。剩下的每一个人都会想：“我是下一个吗？”能力弱的人会继续待在你的公司里，能力强的人则会开始寻找其他机会，并且一定能找到，从而为自己省去可能被解雇的烦恼。

扩大裁员范围。这也不容易。有时，不仅仅是销售副总裁离开了，还有欧洲区经理（如前所述，有些人会自愿离开）。以前有人负责执行的任务，现在却停滞不前，因为你找不到接替他们的人。很快，公司就会停止运作。

Modu 的衰落经历了 3 个阶段。起初，我们有充足的资金。卖了 M-Systems 之后，我的事业迎来黄金时期。Modu 的创立是基于一个具有革命性意义的想法。我和我的投资人都清楚，手机市场的潜力巨大。随着公司不断地成长，我们扩大了员工规模，因为面对庞大的任务量，如果找不到合适的人，我们可就惨了。突然间，我们有了一个由 30 人组成的营销团队，每个人都有自己的任务。一天，营销副总裁来找我，希望我批准为商业信息团队增加一位成员，这个团队当时“只有”3 个人。他们 3 个都很努力，但是在当时的情况下，公司希望以更少的投入做更多的事。

关于这个话题，有个老掉牙的笑话。如果你听过这个蹩脚的笑话，请原谅我在此提及，不过它听上去很有道理。

一群食人族来到美国，他们都在一家高新技术公司谋得差事。主管教他们新工作所需的技能，甚至设法帮助他们适应美国文化。

此外，主管还得不时地提醒他们：“不要吃人！”

经过一段时间的适应和磨合，主管对他们的工作很满意。一天，主管找到他们，问道：“别误会，但你们知道清洁工去哪儿了吗？”

“不知道！”大家异口同声地答道。于是，主管抱歉地说不该怀疑他们，然后就走开了。

待主管离开后，食人族首领吼道：“是谁吃了清洁工？”其中一人供认不讳。

“你这个白痴！”食人族首领训斥道，“我们在这里过着国王般的新生活——我们吃了副总裁、市场部总监和销售顾问，没有人注意到他们不见了。你为什么要去吃清洁工？”

这让我想起另一件事。在我的一次演讲中，一个年轻人问我："我们讨论过招聘，但解雇又如何呢？如何正确地解雇员工？"

我的回答是：一开始就不要聘用他们！

如果必须解雇某位员工，**让他请辞，但要为他保全颜面**。

如果知道有一天可能会被解雇，员工就不可能对你忠诚。

相反，你不应该——也不能——向你雇用的每一位员工都保证永远不会解雇他们。他们需要知道，你会尽全力挽留他们，但是你不应该做出任何类似于"我永远不会解雇你"的承诺。你会发现，有时候真的没有足够的钱发工资，你别无选择，只能裁员。有时，一些员工会变得倦怠，不再给公司创造价值，而你有责任解雇他们，这样做既是对公司负责，也是对他们负责。另外，有些员工根本不适合你的公司。

但是，如果必须解雇某人，要谨慎处之。我不是指那些为了混口饭吃而加入公司的人。这种人的确存在，他们不会给公司创造任何价值。如果你遇到这种人，应该尽快解雇他们。我在用人方面犯过的最大的错误就是雇用了这种人而没有及时与他们分道扬镳。

在缩减员工规模后，公司重新专注于实现最初的目标，最后取得成功。这样的事情的确发生过，也是我的亲身经历。尤其当首席执行官具有钢铁般的意志力时，成功指日可待，不过真的很难。每一次打击都像经历一场车祸。然而，即使撞伤了双腿，你也仍然可以回头。**在创业世界里，你不仅需要向前进，还需要争夺冠军。请不要绝望，如果你付出努力，就会发现自己是那种即使失去四肢也能赢得比赛的人！**

9.2　断臂求生

我一直坚信，应该让最优秀的人才为我所用。初入商界时，我认为即使自己指导一个能力稍逊的人，他也只需要不断工作就可以变得很好。这是因为，平庸之人最终会自己离开。是的，我知道这种想法很天真。曾经，我为自己的天真颇感骄傲。

但有时，不得不和那些优秀的人才说再见。这让我想起了电影《127 小时》。剧透警告：如果你还没有看过这部电影，并且打算找来看，请跳过下一段。

这部电影是根据登山家阿伦·李·罗尔斯顿的真实经历改编的。在美国犹他州登山时，他遭遇事故，手臂被一块巨石困住。整整 127 个小时，也就是 5 天多，他审视自己的人生，最后鼓起勇气截去自己的左臂，并成功地从巨石下挣脱出来，也挽救了自己的性命。

有时，企业家也必须“断臂”求生。

没错，我指的就是解雇你手下的一些最优秀的员工，他们或是公司的心脏，或扮演着其他重要角色。没有什么比送别这些人更痛苦的了——他们一路伴你左右，其中许多人为你放弃了其他梦想；他们跟着你南征北战，为你奋斗、打拼，与你一同筑梦。然而，你不得不请他们离开公司，这样做并非因为他们不够努力，也并非因为他们不能胜任工作，甚至并非因为工作职责发生了变化。这种感觉犹如割肉般疼痛。你之所以必须忍痛割爱，是因为资金耗尽，你需要为抵达下一个里程碑争取一些资金；或者是因为董事会希望大幅减少开支；又或者，你必须实现盈利。

总而言之，如果不忍痛割爱，整个公司似乎就完了。

那是 1995 年 4 月，在 M-Systems 公司的我还不到 40 岁。如今，四十不惑的人或许早已开了 5 家公司，并且卖出了两家。而当时的我还是懵懂的“菜鸟”。我现在知道，即使是那些指导过我的董事，在当时也并不能洞悉公司的前途。一切都是崭新的。

公司前两年在纳斯达克募集的 400 万美元已经蒸发。刚募集到资金时，这个数额似乎非常大。后来出现的另一个机会又给了我们 400 万美元。在那个年代，这真是大得惊人的数字。但后来，我们本想把一个项目（EUROM，我们超前开发的一款 MP3 播放器芯片）以 1000 万美元的价格卖给一家美国公司，但这笔交易失败了。此时，英特尔公司也遇到了制造问题。我们很难买到组件，而如果没有组件，销售额就会缩水。突然间，我们跌入谷底。资金即将耗尽，公司与全体 55 名员工在谷底艰难跋涉。

这可如何是好？

是达娜让我回到现实中，她对我说道："我们需要裁员！如果不这样做，在有新的资金注入之前，我们就真的穷途末路了。"

在那之前，我从来也没有解雇过任何人。

经历几个不眠之夜后，我选择接受命运的审判。

在做出决定的第 2 天早晨，我见了公司的顾问。他翻了翻我准备解雇的人员名单后说道："这份名单上没有你的下属。这可不对，你没有以身作则。"

他的话令我心服口服。但是，当盯着自己的直接下属名单时，我找不到谁可以解雇。研发副总裁非常出色，营销副总裁是我的合伙人，达娜？当然也不行。

最终，骰子落在了质控副总裁阿莫斯·阿达格身上（在希伯来语中，阿达格的意思是“不用担心”，这真是惊人的巧合）。阿达格曾经是飞行员，在国外学习过工业管理，专攻质量控制。他深深地热爱着自己的专业，这只有优秀的质控经理才能做到。他很敬业，也很专业，并且擅长自己的工作。我花了好几年才求来这样的贤才。然而，阿达格最终和另外 8 名员工一起离开了公司，解雇率是 9/55。

其中一位是内森。离开我的公司后，他自谋出路，并创造了奇迹。直到现在，他仍然感谢我当时的决定。

另外有两位在后来回到了 M-Systems。

还有一位成了制作人。

据我所知，除了阿达格，其他人都找到了自己的出路。直到 M-Systems 被闪迪收购时，我与其中 3 位还保持着联络。

阿达格是唯一销声匿迹的人。

一天，在前往香港的一趟航班上，机长从驾驶舱走出来，对我说道：“嘿！多夫，还记得我吗？”

是阿达格！原来，他对所经历的一切感到非常沮丧，于是离开了高新技术行业，并重操旧业：飞行员。

他过得如何呢？形象地说，他飞得很高。

在担任质控经理的日子里，阿达格让我无须担心产品的质量。现在，他是机长。在由他执飞的航班上，即使是对飞行感到恐惧的人也能在经济舱舒舒服服地睡个好觉。

或许以上故事听起来像美好的童话，但是每一个字都是真实的。若有机会搭乘以色列航空公司的航班，不妨问问机长是否为阿莫斯·阿达格。如果是，你可以亲自向他求证上述故事的真实性。

顺便说一句，如果没有这一波解雇，M-Systems 可能就不会在 1996 年进入下一个发展周期，从而也就不会进入再下一个周期以及下下一个周期……而实际上到了那时，公司已经飞速发展，年销售额突破 10 亿美元，并且最终以 16 亿美元的价格被闪迪公司收购。

在 Modu，我也被迫经历了类似的解雇潮，但规模要大得多。**为什么称之为解雇潮呢？因为它朝我涌来，令我几乎窒息。我绝望地期盼着它速速退去，这样才能够重新呼吸。**

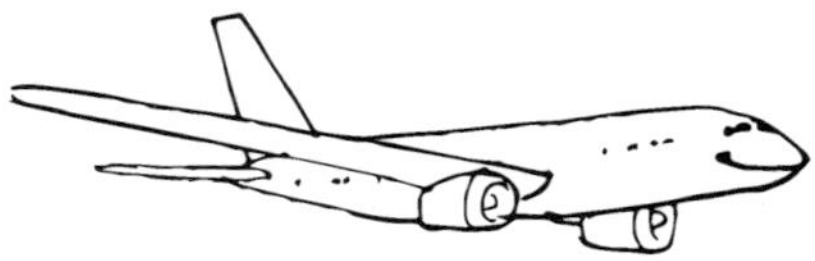

9.3 哪怕只剩一条腿

在 Modu 经历解雇潮之后，我向留下来的员工发了一封邮件，为他们讲述了一则有关我祖父的故事。以下是这封邮件的内容。

我的祖父真是个天才。他有一双巧手，熟悉机械知识，技艺娴熟，这在当时相当罕见。你们知道，我发明了 DiskOnKey。但与我祖父在 100 多年前发明某一类水泵相比，那真可谓小巫见大巫！

第二次世界大战爆发后，我的祖父母带着 3 个孩子逃到了苏联。在西伯利亚，祖父的天赋很快就显现出来，因为他制造的仪器极大地改善了工作条件。他的事迹上了当地的一家报纸，并以天才发明家而闻名。苏联政府甚至授予了他一枚奖章。

一天，他被叫到一家有雕刻机的工厂，并被要求用一台发动机对那些机器进行自动化改造。不知何故，发生了一起意外，但完全不是祖父的过错。他的脚被机器缠住，骨折了。

人们赶紧把我的祖父送往医院。在那里，按照当时的惯例，医生用钉子固定住他的腿，并用重物将腿悬在空中。

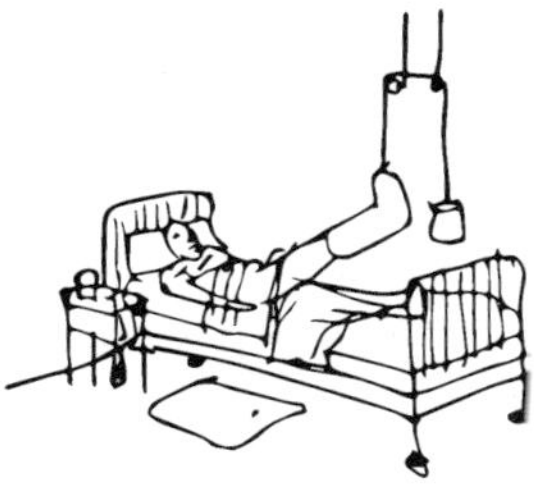

医院离家有几千米远，交通十分不便。但是，我的父亲和祖母轮流步行前去照顾祖父。

几天后，当我父亲来到医院时，祖父告诉他："我得了坏疽，脚变黑了。**我要死了**。需要立即截肢。快去找你妈妈。"

于是，父亲赶忙找到祖母。当他们回到医院时，却找不到一个医生。

两人赶去医院负责人的家里找他，他本人是医生，并且曾经为祖父治过病。当他们到那儿时，天色已晚。医院负责人的妻子打开门，我祖母要求见他。医院负责人的妻子声称他不在家，但我祖母说，不管寒风多刺骨，她都会站在门外，直到见到他。过了一会儿，门开了，医院负责人出来问我祖母找他什么事。听罢祖母的描述后，他说："所有的病人都有这种恐惧感。病房里的光线不好，他们认为自己看到脚变黑了。"祖母坚持让医院负责人和他们一起回医院看看。平常，医院负责人坐车去医院，他有自己的司机，但司机已经下班回家了。因此，在那个寒风刺骨的晚上，医院负责人和我的祖母及父亲一起走到了医院，途中喃喃地说，即使脚变黑了，他们也要等到第2天早上才能动手术。

见到我祖父的脚之后，那位医院负责人兼医生下令必须立即进行手术。不到一小时，他们就截去了我祖父的腿。手术后，祖父仍然在死亡的边缘挣扎，但最终挺了过来。

我祖父用一条腿继续生活。回到波兰后，他还救了 17 个犹太儿童，正如我在“献词”中所描述的那样。此外，他重建了村里的公墓，之前有一个外来人“买下”了所有的墓石，要把那块地方变成谷仓。我的父亲因为帮助他人非法移民而被秘密警察抓捕，后来被判处死刑。幸好祖父设法营救了父亲，但祖母郁郁而终。后来，祖父带着父亲来到以色列。即使在这里，祖父也从未停止在发明创造中获得乐趣，他的成果包括著名的“钢青蛙”。（写到这里，我突然记起来，我父亲以前用来将发动机从汽车上拆除的吊车正是出自祖父之手。）

在截肢 30 年后，祖父在家中因心脏病发作过世。他当时就坐在卧室的沙发上，走得很平静。那次截肢多给了他（还有我的家人！）30 年的生活。

在经历一波解雇潮过后，我把以上故事发给了 Modu 的员工。我意识到自己必须解释的是，为什么有时候需要截断自己的一条腿，而那不是世界末日……Modu 平静地度过了解雇潮，但由于元气大伤，公司最终没能幸存下来。无论如何，优秀的人留下来与我一同浴血奋战到最后，其中有些人至今仍是我的同事。无论如何，Modu 留给我一笔巨大的财富：与那些仍在与我共事的人以及那些已经离开的人建立了美好的友谊。

如果认为必须缩减公司的规模，就要果断、迅速地去做。最重要的是，在缩减规模的过程中，要理解员工。忍痛割爱的确会令你痛苦，但眼看着自己一手建立起来的公司倒闭会令你更痛苦。

9.4 沮丧

在创业世界里，从早晨睁开眼睛的那一刻起，你呼吸的每一口都饱含沮丧之味。一次次敲门，一次次被回绝，这就是沮丧的剪影。

看到其他“毫无头绪，想法微不足道”的创业公司成功叩开机遇之门，你会感到无比沮丧（很明显，那些公司其实有头绪，或许是你自己毫无头绪）。为一个只愿意给你 20 分钟时间的投资人做演示，并且你能明显感觉到他对你毫无兴趣，这真是令人沮丧。

解雇你千辛万苦才求来的贤才，让每个人都生你的气（包括那些留下来的员工），这真是令人沮丧。

而且，其他令你沮丧之事接踵而至。

如何应对呢？必须调整心态，尝试快速忘记令你沮丧之事。

DiskOnKey 的开发过程不乏令我沮丧之事。我想通过接下来的故事说明，即使是伟大的成功，也会经历困难的时刻。

M-Systems 在 2000 年 11 月推出 DiskOnKey，并且得到了 IBM 的支持。这自然不错，但是 IBM 当时已经不再辉煌（几年后，它把个人计算机业务部门卖给了联想），戴尔已经控制了个人计算机市场。

我希望得到戴尔的支持。

于是，我找到戴尔，并向相关人员展示了自己的产品。结果相当尴尬，戴尔的一位员工诚实地告诉我：“戴尔不碰创新产品或新上市的产品。等你证明自己的产品有市场之后，再来吧。”

一年过去了。2001 年，DiskOnKey 的销量达到 600 万。不仅如此，随着我们的成功，市场上已经出现一些仿制品。显然，我们已经证明了 DiskOnKey 的市场潜力，于是我又去找戴尔。

这一次，他们没有那么快就拒绝我。接见我的人似乎对 DiskOnKey 有一定的兴趣，并称戴尔将组建一个由营销专家、产品专家和质控专家组成的团队来测试该产品的市场。我对此很高兴。

戴尔的团队调研了两三个月，并且完成了一份内容丰富的报告，可结论是……DiskOnKey（以及其他 USB 闪存驱动器）没有未来，市场需求不会太大。

戴尔团队的结论并非毫无根据——他们声称，如果有人需要低存储容量，软盘就足够了；如果有人需要高存储容量，CD 就不错；如果有人需要高存储容量并且可重写，使用可移动硬盘即可。

那份报告写得头头是道，我差点儿就信了。

然而，市场没有听那份报告的话。DiskOnKey 的市场反响很好，其销量持续上升。

一年后，我又来到戴尔，而此时 DiskOnKey 的销量已达数千万。这一次，戴尔终于伸出了橄榄枝。

好事，对吗？

是的，但是……

有一个小问题。戴尔那边负责与我们协商的人说，像任何其他规范的公司一样，戴尔不能直接就与我们签合同，而是需要招标。

“抱歉，你说什么？招标？但我们是发明方，并且这些年来一直在与戴尔保持联系。我们有最棒的产品，经验也是最丰富的……”但那人坚持说：“招标是必须有的。如果你们是最好的，肯定会中标。”

招标书是一本厚厚的册子，里面有各种愚蠢的问题，比如召回率是多少（零），每个生产环节的故障数量（我们怎么会知道？这难道很重要吗？），提供何种技术支持（谁需要？），还有许多与M-Systems和DiskOnKey本身无关的事项。因此，我们对大多数问题的回答是“不适用”——您所问的与我们无关！

结果，我们没有中标。

我打电话给负责招标的人，并告诉他M-Systems拥有专利权，他们的决定风险极大。“我们的合同保护我们免受专利侵权索赔，”他回应说，“你可能没有注意到，但你已经签了合同。你的竞争对手，就是中标的公司，也签了合同。欢迎你直接起诉他们。”

我的沮丧之感简直无以言表。

不过，我极力克制住自己的情绪，并说道：“我们不会起诉你。”那位负责人说：“好吧，8个月后还会有一次招标。您可以再次提交。”

8个月过去了，果然还有一次招标。这一次，我们下定决心，一定要赢。我们的工作人员一丝不苟地填写了足足有120页的表格。鉴于投标时可能会被问到马来西亚支持人员的姓名，我们在当地雇用了一个人，并填写了他的详细资料，包括他的相关从业经验。（这个人后来在家待了4个月，等待有人打电话给他。结果根本没人给他打电话。4个月后，他才得以做自己的事。我敢打赌，直到今天，他还在四处跟人说起那份最奇怪的工作。）填写表格时，如果被要求提供我们没有的一个数字，我们就凭空捏造出一个来。

这一回，我们中标了。幸福！我记得自己当时正在出差，负责DiskOnKey

部门的阿里埃勒找到我，说接到了戴尔的电话。我们所有人都幸福得快飞起来了！

你是否以为从此就高枕无忧了？

不。每个季度，戴尔都会向其供应商发送一份反馈，对他们的表现进行评估。戴尔使用一个评分系统对其供应商的每项活动进行评分。任何连续两次排在相应组的最后两位的公司，都会被自动从戴尔的供应商列表中删除。在与戴尔达成合作后的第一个季度，M-Systems 在内存和数据存储供应商组中排在最后。为什么？因为有一次我们迟到了两天，有一次我们把产品分成了两个包装，还有一次我们把 4007 搞成了 4000。此外，我们既没有给戴尔邮寄任何营销材料，也没有按照戴尔期望的方式发布质量保证报告。（我们只是写道："一切都很好，质量完美。"）在戴尔的供应商名单上，M-Systems 似乎在很短的时间内就见底了。

所幸，我的身边有阿里埃勒和阿尔农。优秀的他们解决了戴尔的问题，一个季度后，M-Systems 已经升至第二位。如果我记得没错，在接下来的一个季度，M-Systems 位居第一。

从此，M-Systems 与戴尔的合作一帆风顺，直到 M-Systems 被闪迪公司收购。

我是否曾有过沮丧之时？太多、太多。以上只是我在与戴尔这一家客户打交道时所经历的挫折。还有一些类似的客户，当然还有各种各样的"专家"，他们喜欢告诉我，我的产品有多没必要、多么无望、多么昂贵，或者告诉我说，"你会溺死在闪迪那潭水里"。上述故事意在说明，**令人沮丧之事也会有完美的结局。有太多结局不够完美的事……所以，你要尽快忘记它们（这就是我无法讲这些故事的原因——我记不得了），然后继续前进。**

前方的路还很长。一路上，你会遇到许多令你沮丧之事。然而，所有糟心事加起来，也比不过迎来胜利曙光的那一刻……

9.5　焦虑

我本来打算把以下这个故事留到我的下一本书里讲，但我认为有必要在本书中讲述，因为本书的一个目标就是促使你思考**自己是否已经准备好进入创业世界**。

创业世界会令你倍感压力。**威胁如影随形**。即使你沉着冷静、思维缜密，也会经历非常难熬的时刻，用**焦虑时刻**形容最为贴切。

以下是我的亲身经历。

2004 年底，DiskOnKey 已经是一款畅销产品，其销售总额高达数亿美元。冲劲十足的我们与东芝成立了一家合资公司，大客户包括戴尔和百思买，一切看起来都很好。

然而，好景不长。一天，我们接到百思买的一位质控经理打来的电话。他说："一个客户退了你们的 DiskOnKey，都烧了。非常危险。请尽快彻查原因，并及时告知结果。"

这消息真可谓晴天霹雳。

我们当即成立调查组，甚至赶在那块被烧的 DiskOnKey 送到以色列之前就开始了调查工作。

几个小时后，可怕的消息传来：**产品真的有问题**。容我先说明一下：每块 DiskOnKey 都含有一个微控制器，它有许多条"腿"。在设计这样的组件时，会在每条“腿”上放一根保险丝。这样一来，如果发生短路，保险丝将断开，从而防止电流过大和产品过热。在上一轮设计中（我们大约每 9 个月进行一轮设计，以改进和更新），有人为了做模拟实验而取出了保险丝——这是惯例——但在投入生产之前忘了把保险丝放回原位。（直到今天，我都还没有费心去找出这个人是谁。）我们最近几个月售出的所有 DiskOnKey 都没有保险丝！

焦虑感油然而生……

我们立即着手查找导致 DiskOnKey 过热的原因。原来，在生产那块出问题的 DiskOnKey 期间，有锡屑掉落，在“腿”间形成短路，导致电流过大，进而导致发热。原因似乎就是如此。我们试图重现这种情况。几个小时过去了。我上楼查看进展情况（在 M-Systems，我的办公室位于中层，而不是顶层。这是刻意安排的）。相关人员说，他们正在尽一切可能重现短路情形，但实际上都达不到过热的状态。有几次轻微的发热，但完全没有达到会烧坏 DiskOnKey 的程度。

那天夜里，我焦虑得难以入眠。该如何回复百思买的那位质控经理呢？当然只能如实相告：我们没能重现被烧的情形，但是……

与此同时，那块出问题的 DiskOnKey 终于到了我们手里。它看上去仍完整，并没有灼烧痕迹。我们将它插入计算机的 USB 接口。几分钟之后检查，发现有轻微的发热现象——就是待 DiskOnKey 插入 USB 接口后摸上它至少一分钟后的那种会稍令你不适的热感。这种感觉令人不适，但并不会酿成悲剧。我们松了一大口气。

于是，我们将分析报告发给了百思买，没成想又接到一通电话：“又一个客户退货了，这次 DiskOnKey 真的烧坏了！”

“‘烧坏了’是什么意思呢？”我们问道。

“都烧黑了！”那位质控经理说道。

那一夜，我几乎没有合眼。

我们已经制造并销售了 125 万～150 万块含有该微控制器的 DiskOnKey，其中一些仍在仓库里，但大部分已进入市场。它们掌握在至少 100 万用户手中……

是否应该召回产品？如何从 100 万用户手中召回产品？或许我们应该向公众说明，M-Systems 生产的所有 USB 闪存驱动器都很危险，不应该把它们插入计算机后就置之不理。

显然，如果做这种公开声明，M-Systems（或至少是其旗舰产品 DiskOnKey）的前途就渺茫了。并且，我们的新合作伙伴东芝将作何感想？日本人可非常谨慎啊！

最后，我还是睡着了，并且做了个梦。我梦见在美国的某个暗夜里，我们那被插在某台计算机上的 DiskOnKey 突然起火了。火苗窜到书桌上，点燃了桌上的文件。随后，窗帘也着火了，整所房子都烧了起来，而孩子们还在睡觉……

惊醒时，我一身冷汗。我怎能在如此巨大的潜在危险中安然度日？

次日清晨，我睡眼惺忪地来到办公室，一身疲倦。至于是否召回产品，我仍然犹豫不决。我召集员工开会，但大家意见不一。

中午时分，出问题的闪存盘送到了我们手里。

的确，这一块烧得就像木炭一样。但是，它不是 DiskOnKey，而是**竞争对手的产品**！

“退货事件”就这样结束了。不过，并非每次都会这样顺利。如果你开发的产品只有 3 个用户（你、你的合伙人，以及他的女朋友），那自然很好。但是，如果你想触及 30 亿用户或至少 300 万用户，你或你的员工所犯的任何错误都会对人们的生活产生实实在在的影响。发生这种情况时，若想召回产品或弥补错误，你真的几乎无能为力。万一你造的手机对用户产生过量辐射，该如何是好？万一你开发的用于医疗诊断的产品在某些情况下误导了医生，该如何是好？万一你写的应用程序因为和其他某个应用程序冲突而导致用户的手机死机了，又该如何是好？

如果想避免这种焦虑，请努力成为首席技术官或营销副总裁。但是，如果你打算成为企业家，就需要为这些时刻做好准备，并尽可能平静地接受它们。

就我自己而言，当面对“退货事件”时，我两天两夜几乎都没有合眼！这可算不上“平静”……

9.6 三头六臂

在翁根休假的后半段时间里，我打算再次徒步去劳特布龙嫩。几天前，我走了一次，但中途接到赛夫的电话之后，就返回到酒店，并没有走到目的地。

从翁根到劳特布龙嫩的直线距离是 1000 米，并不算远。但两地的海拔相差 500 米。路标显示，从翁根火车站步行过去要用一小时。途中有一段陡峭的下坡路，但我仍在约一小时后走到了劳特布龙嫩。那里的景色令人赏心悦目。

到达劳特布龙嫩之后，我意识到，它离我从酒店往窗外看到的瀑布并不远。如果这一次不去看看瀑布，或许就没有机会了——我不会再回到这个美丽的小镇，至少这次瑞士之行期间不会再来这里。于是，我往瀑布方向走去。然而，到了那附近，我竟然找不到景区入口。我走啊走，忽然意识到自己越走越远了。在往回走时，我发现必须爬一个大坡才能到达瀑布的最佳观赏点。斜坡又陡又滑，奔流而下的水溅到了坡上。如果继续往前走，就要下坡回到劳特布龙嫩，然后再上坡，走回翁根。

这条长四五千米的上坡路并不算糟糕，但越来越难走。我已经走了 3 个小时，一会儿上坡，一会儿又下坡。我的腿开始酸疼，心脏也怦怦直跳。我渴望能坐下来歇一会儿，但担心一旦坐下来，就站不起来了。然后，我意识到自己没带水。从吃完早餐到此刻，我还滴水未沾。尽管天气寒冷，我仍然感到十分口渴。我突然想到，如果此刻我的心脏病发作，就完蛋了——只有等到明年夏天才会被路过的游客发现。于是，我使出浑身的劲儿继续往前走。终于，一些房子出现在我的视线里。我很高兴，以为翁根近在咫尺。但是，我看到了一块路标，上面写着：离翁根 25 分钟。

或许一个年龄只有我一半大的人在状态极佳时可以只花 25 分钟走到翁根。对我来说，那“25 分钟”太漫长了……一到翁根，我就进了超市，并且径直走到饮料区买了一瓶两升的无糖冰茶。然后，我一饮而尽，真痛快！

有时，我们会错误地估计任务的难度，以至于在进度和表现方面出现不足。我们的团队经常遇到一些有着宏伟计划的企业家，这些宏伟计划包括“我们将在 8 个月内完成开发……4 个月后，我们将拥有 200 万用户”。

“哇，听起来任务艰巨……您希望面向 Android、iOS、Windows 和

HTML5 等平台都开发此系统……用多长时间？”

“8 个月。瞧，我们已经有了 iPad 版原型。”

即使很有天赋，开发人员也不能按时完成上述任务。由天才程序员花 10 天（每天工作 22.5 小时）制作的原型极具误导性。**别被它迷惑！**

一分成就的背后是九十九分耕耘。并且，“看起来不错”和“用起来不错”完全是两码事。当你不能按时完成任务时，预算会超标，投资人会坐立不安，你可能想在产品“半生不熟”时就推出。随后，你的团队成员开始互相指责，对彼此没了信心……这不是通往成功的途径。**与其过于自信地承诺你无法实现的事情，不如安排在短期内可以实现的任务。**

记住，你没有三头六臂。

我不禁想起自己在 Modu 犯过的另一个错误。

我们的第一款手机是 Modu 1。在设计这款机型时，我们投入的资金和精力比计划的要多。这导致项目严重滞后，成本也相当大。不过，Modu 1 最终问世了。它的价格昂贵，却没有我们想要实现的所有配件。它只支持 2.75G 网络，没有触摸屏，当然也无法和 iPhone 媲美。失望之声此起彼伏，这是因为我们承诺会有“高山和瀑布”，实际上却连“小山丘”也没有。尽管如此，我们仍然算是做出了世界上最小的手机。

我们接下来为 Modu 1 做了什么呢？什么也没做。我们奔向下一代产品，很快就放弃了对 Modu 1 的营销。直到今天，我仍然会碰到一些用过 Modu 1 的人，他们问是否有许多 Modu 1 被藏了起来。倘若我们当时将这款手机定位成运动手机，会如何呢？或者作为备用手机？抑或是**世界上最小的手机**？但这些营销理念与我们进入市场的傲慢方式不符。我们本来立志成为全球手机市场的领头羊。我们提出的是一个全新的概念，一个愿景。怎么可能只做备用手机？

如果你认为对任务量的预估有误，就应该打电话给你的投资人，准备一份具有说服力的演示文稿，展示原计划中的哪些任务无法完成、哪个环节出了错、哪个环节可以改善。投资人很快就会明白，如果坚持朝着你最初的目标努力，后果将非常严重。也许他们会同意投入更多资金（以换取更多的股份，因为这是值得的，所以要对他们心存感激）；也许他们会同意你设定更保守的目标；也许他们自己会提出一些有趣的新想法。

你的周围有 100 扇门，但不可能每扇门都尝试一番。不要舍近求远，先试试开启离你最近、最易触及的那些门。（千万别忘了带水！）

我并不主张放弃追求目标。相反，我主张**设定适合自己的目标，绝不能让目标置你于死地**。

9.7 不要自欺欺人

在诺基亚日趋衰落之时，有一篇新闻报道这样写道：

“诺基亚发布了有关 Ovi 商店使用情况的统计数据，同时准备为该服务的用户界面做重大更新。音乐和娱乐服务副总裁利兹·希梅尔指出，Ovi 商店在全球有 1.3 亿活跃用户，日下载量达 200 万次，其中 70%是通过应用程序下载的。希梅尔说：‘我们在 27 个国家和地区有 91 家运营商可以提供信用卡支付下载服务。在拉丁美洲，Ovi 商店是使用率最高的应用程序商店。’”

如果只凭这只言片语，任何人都会得出这样的结论：诺基亚的运营状态良好。当时，读完这篇报道之后，我试着用妻子的手机从 Ovi 商店下载一个应用程序。但是，尝试多次都没能成功，每次安装都卡在不同的阶段（诺基亚可能把每次尝试都算作一次新的下载）。苹果应用商店或谷歌应用市场的用户可能有不同的体验，但诺基亚人忽视了这一点。为什么呢？可能是因为诺基亚不允许自己的员工使用竞争对手的手机！这直接导致诺基亚人根本意识不到自己与竞争对手的差距！

这让我想起了 M-Systems 经历的一次类似的事件。

2004 年前后，M-Systems 与闪迪合作成立了一家名为 U3 的合资企业。U3 这个概念是指从专门的 USB 闪存驱动器直接运行应用程序，它被定义为技术规范，涉及一定程度的身份验证和安全性。30 家公司基于这个概念开发了应用程序。

听起来不错？实际上，这只是营销技巧。大多数为 U3 开发的应用程序可以直接从普通的 USB 闪存驱动器运行。U3 的自动加载过程简直就是灾难：当把闪存盘插入计算机之后，必须等待一分钟以上才能使用。这太可怕了！

在“专为 U3”开发的应用程序中，有一个的用途是移除 U3。

作为首席执行官，我开始陆续收到一些报告：1600 次下载、28 000 次下载、314 000 次下载……

这样的数字接连不断地被发送给我，但我决定查看用户具体下载了哪些应用程序。原来，99.8%的用户下载的正是那个移除 U3 的应用程序。

所幸，我从未将那些听起来不错的下载量数据写入季度报告。几周后，我们自己也将 U3 从产品列表中移除了。我们没有欺骗任何人，**更重要的是，没有自欺欺人**。

别自欺欺人地认为一切都很好。不要告诉自己，3 个月内 1324 次下载是很大的下载量。不要盲目地以为邻居会称赞你的用户界面。若想确切地知道你的用户在用软件做什么，有很多工具可用。使用这些工具查看一下，最重要的是：**在推出产品之前，要对“成功”的标准有清晰的认识**。另外，要试用竞争对手的产品。在最好的情况下，你可以通过学习竞争对手来提高自己。在最坏的情况下，你可以发现自己对竞争对手来说是多么微不足道。

9.8 幸福时刻

因为第一次写书，所以我一直听从朋友的建议：每写几页，就往回读读，做做修改，调整章节顺序，删除一些字句。

当再次阅读已经完成的章节时，我突然意识到，到目前为止，我写的全都与创业的困难有关：多么痛苦、多么焦虑，得忍受多少磨难和屈辱，得与更大的实体进行多残酷的斗争，等等。

但是，这完全有悖于我的初衷。**我本想激励你踏上创业之路**。

鉴于此，以下描述一个幸福时刻。这样的时刻有很多！

DiskOnKey 进入市场后一年，我乘坐飞机去纽约。在飞机上，一个人走上前问我是不是多夫・莫兰，说想感谢我。

“很高兴认识你，”我说道，“但是为什么感谢我呢？”

“您的产品改变了我的生活。”那个人回答。

原来，他的公司不允许通过电子邮件发送与工作相关的文件，因此他不得不长年累月地加班，无法陪孩子们入睡。有了 DiskOnKey，他便可以保存文件，把工作带回家，和孩子们玩耍，然后在他们睡觉后继续工作。次日早晨，他会把文件从 DiskOnKey 复制回办公室里的计算机，然后继续工作。太棒了！（后来，我好奇地想，他是否在某个军事机构或情报机构工作……这类机构中的许多人并不喜欢我们的发明……）

一个陌生人握着你的手，感谢你所做的一切——这就是**幸福时刻**。

在将产品推向市场的过程中，你会经历许多令你十分焦虑的糟心事：客户很难应付，记者毫不留情（当然，并不是所有记者都如此，有些记者很好），愤世嫉俗之人比比皆是，竞争对手层出不穷且总是出其不意，价格总是比预估的要高，公司内部时有冲突，员工疑虑重重。类似的糟心事还有很多，但是……

数千次失望、沮丧与焦虑，也不及一个幸福时刻。

第 10 章

金　　钱

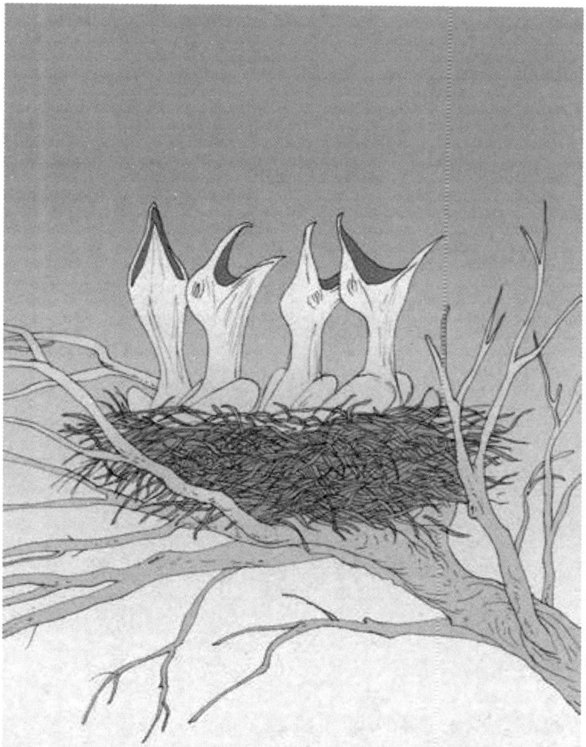

10.1 下一步需要多少钱

祝贺你！凭着一小部分资金，你已经通过了种子轮或预种子轮，并且即将迈入创业世界的第二阶段。这个阶段将更加困难。此前，你一直单打独斗；现在，你有了一整个团队。但是，前方的路更长、更危险，四周都是虎视眈眈的竞争对手。那么，你需要为这个阶段募集多少资金呢？

有人会说："和种子轮一样，有多少是多少。"这种想法颇有道理！

也有人会说："我现在不想募集过多的资金。只需先为抵达下一个里程碑筹得所需的资金即可，然后待公司的市值足够高时再募集更多的资金。"这种想法也没错！

将以上两种想法结合起来，就是最佳答案。为了抵达下一个里程碑，你必须筹得足够多的资金。当成功抵达那个里程碑后，的确能够进一步筹得一笔可观的资金。

不过……

你会错过那个里程碑。（为什么？因为每个人都会错过。）

你会错误地估计所需的资金和时间。

变幻莫测的市场可能会让你误入歧途或走许多弯路。

因此，我的建议是：**募集的资金越多越好**。大多数时候，能募集的资金数目并不是你能掌控的。既然你经历过一轮融资，就说明已经有了投资人。这个投资人往往比你更有经验。他在投资时肯定有过损失，也见过许多成功和失败的例子……不妨听听这位投资人的建议。当然，你希望他在这一轮融资时继续提供资助，投资人则可能有你未意识到的关注点。但无论如何，投资人的首要关注点都是你的公司能否取得成功。

一些企业家对股权有所疑虑，并且非常在意自己的持股比例。所以，他们试图计算出精确的数目，并据此募集资金，不多一分。这样做是极大的错误。当机遇之门向你敞开时，21%、18%、6% 和 5% 根本没有差别。

我曾与一位同事一同出差。我们租了一辆车，并且预付了一整箱油的钱。不过，在开车去机场的路上，车没油了，但我们还有 50～100 千米的路程（当时还没有车载导航系统，因此我们不知道确切的距离）。于是，我们在一个加油站停了下来，我的同事买了 5 美元的汽油。

“为什么才买 5 美元的汽油？”我问他。

“足够了，”他答道，“你难道以为我会让租车公司的那些人占便宜？”

你猜后来如何？我们差一点错过了那趟重要的航班。我记得自己当时焦虑极了，也尴尬极了。

当把 M-Systems 卖给闪迪时，我拥有公司 6% 的股份。如果这个百分比是 5% 或 8%，真的会对我的生活产生影响吗？不！如果不慷慨地为员工提供期权，或许我会有更多的股份[①]，但是看到自己的员工获利，是多么美妙的事（虽然他们的收益没有我的多，但足以改善他们的生活）。强烈的归属感将促使员工为公司做出巨大的贡献。这就是我经营公司的方式。

让你的员工享有大量的股票期权！不要给员工开空头支票，而是要让他们能随着公司的市值提升实实在在地获利。如果公司的市值没有提升，只能说明你为员工提供的还不够。

① 在 M-Systems 被闪迪收购的前几个月，一篇文章将 M-Systems 称为在纳斯达克上市的所有以色列公司中在员工股票期权方面最慷慨的公司。

10.2 翻倍

我不禁想起关于闪迪公司联合创始人埃利·哈拉里的一个故事。

那是在 Modu 成立几个月后，他来我的办公室见我。我向他解释了模块化手机的概念，并展示了设计初稿。我们探讨了这类手机面临的问题和挑战，然后埃利问我："你认为 Modu 需要多少资金才能盈利？"

提出这个问题完全合情合理，但之前从来没有人问过我，包括 Modu 的投资人。我应该如何回答呢？冥思苦想一番后，我仍然找不到答案。Modu 从来没有预测过现金流。（这真是个错误！）鉴于埃利提出了这个问题，我便回复了一个自认为不错的数："8000 万美元。"他挠了挠头，沉默了片刻后说道："恐怕这个数得翻倍。"

一晃过了 3 年，Modu 募集到 1.2 亿美元。我试图再多募集 2000 万美元，但未能如愿。尽管我以为 2000 万美元足够了，但事实证明，应该多募集 4000 万美元。等等，总数是多少？1.6 亿美元。这不正是埃利所说的"翻倍"吗？他怎么预先知道的呢？

又过了一年，埃利邀请我前去他在硅谷的家中共进早餐。坐在他家漂亮的花园里，我告诉了埃利筹款之事，然后问他："埃利，你怎么当时就知道我们需要大约 1.6 亿美元呢？"我想知道他的计算方法。

埃利笑着说道："你难道真的以为我懂啊？我当时挠头，就是表示我在想：‘翻倍，至少得翻倍……’不管你告诉我的数是4000万还是2亿，我都会这么说的。”

为了抵达下一个里程碑，究竟需要多少资金呢？无论你心里的数是多少，都别忘记翻倍。不过，即使你将心中的数翻了倍，但真正的答案仍然是……再翻一倍。

明白了吧？**我们会“花光”所有的积蓄，因此积蓄永远不够**。我见过这样一些公司，它们仅用20%的预算就做成了其他公司百般尝试却没有预算去做的事。为什么会这样呢？**因为一旦有了钱，你就会花掉它；而当资金不充足时，你就会处处节省，并期望能用有限的资金做成事**。

请容我再次给出本书一直在强调的建议：如果你可以选择投资人，一定要选择那些资金雄厚的人。当然，这并不是选择投资人的首要标准，但不要忽视这一点，因为它可能会影响你在下一阶段募集资金的能力。

10.3　“就差一点”

在读丹尼尔·卡尼曼的优秀著作《思考，快与慢》时，我发现这样一个有趣的故事。

1997年7月，爱丁堡规划中的苏格兰议会大楼预计的最高预算是4000万英镑。1999年6月，建设预算达到1.09亿英镑。2000年4月，“成本上限”被修改为1.95亿英镑。到了2001年11月，“最终成本”预估为2.41

亿英镑。而后，估算的成本在 2002 年又上涨了两次，到年底竟然已经达到 2.946 亿英镑。2003 年，又涨了 3 次，在 6 月达到 3.758 亿英镑。这座建筑最终于 2004 年竣工，耗资 4.31 亿英镑。

这样的例子并不罕见，特拉维夫的哈比玛剧院就是其中之一。我相信，你在自己的国家甚至城市里也能发现类似的例子。关键是，当你做评估时，总会与实际的有出入。不过，切忌像苏格兰议会大楼的例子那样出入太多。倘若如此，你将退回到从前，甚至直接被逐出创业世界。

你需要制订详细的预算，每个月（或至少每个季度）都仔细检查方方面面。及时向董事会汇报预算和开支情况。尽管这可能会令某些人不快，但与其在年底才告知大家公司要补上几百万美元的缺口，不如每个季度都解释和解决预算问题。

第 11 章

成功与失败

11.1 只差一个好名字

有一次，我的大女儿梅伊塔尔拖着我去看电影 *Searching for Sugar Man*。这部于 2012 年首映的电影讲述了美国歌手西斯托·罗德里格斯（Sixto Rodriguez）的故事。他在 1970 年和 1971 年分别发行了两张专辑，但销量都不好。在电影中，当被问到究竟卖了多少张唱片时，他认真地回答道：大约 6 张。

然而，出人意料的是，这两张专辑在南非大卖。

在美国，这位拉丁裔歌手的名字让他很难有所突破——他的歌曲几乎没有出现在广播节目中，他的唱片也几乎没有卖出去。但在南非，他那些忧伤却又带着挑衅味道的歌曲深受喜爱，他甚至因此在南非成了明星。在南非，他的名声比猫王还大，唱片卖得比滚石乐队还多。但他对这一切毫不知情。

南非人并不了解罗德里格斯，他们也不知道自己是罗德里格斯唯一的一群粉丝。有传言说，罗德里格斯自杀了；还有传言说得更详细：在加利福尼亚州演出时，他受到观众的侮辱，于是下台拿起外套里的枪，回到台上，当着观众的面朝自己头上开了一枪。

无论如何，罗德里格斯在美国和南非受到的迥然不同的待遇，并不是电影中唯一出人意料之事。

这部电影斩获了多项大奖，包括奥斯卡最佳纪录片奖。我推荐你看看。剧透警示：如果你打算去找来看，就先别往下读。

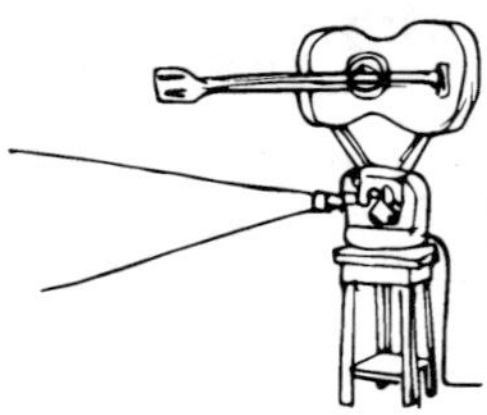

多亏了这部电影，罗德里格斯的音乐逐渐在美国流行起来。写作本书时，我查了查他演唱“Sugar Man”这首曲子的视频片段，发现已经有 370 万次点击量。虽然这个数字并不算太大，但对一个只卖了 6 张唱片的人来说，已经相当不错了。

电影里，两个南非人决定寻找罗德里格斯，他们好奇到底是什么造就了这样一位人物。

他们竟然找到了！罗德里格斯仍旧住在底特律的一所破旧的房子里，以做杂活为生。

后来，这两个南非人带着他们的偶像去南非巡演。6 场大型演出，现场座无虚席，场面十分感人，电影就这样结束了。

起初，导演用超 8 毫米胶片记录两个南非人寻找偶像的过程，但不久预算就超支了。你可以看到，影片的大部分镜头是用 iPhone 拍摄的！**这真是绝妙的点子！**

罗德里格斯仍然继续做着好音乐。电影上映后，他收到很多演出邀请，除了美国，还有来自其他国家的邀请，包括瑞典、澳大利亚和新西兰。

如今的他仍旧像年轻时一样谦卑、害羞。尽管被邀请作为嘉宾出席奥斯卡颁奖典礼，但他还是拒绝了，因为他不想出风头。他认为那部电影的制作团队才应该受到赞扬。

你能从这部电影中收获什么感悟呢?

- ❑ 有时，你离成功只差了一个好名字。
- ❑ 不应该轻易放弃。
- ❑ 即便你认为自己已经彻头彻尾地失败了，事实也未必如此。
- ❑ 即便没有预算，也可以仅凭 iPhone 拍出一部能获奥斯卡奖的电影。
- ❑ 即便观众理解不了你的作品，即便投资人理解不了你的伟大产品，也完全没有必要对着自己开一枪。

的确，有个好名字很重要。不过，好名字在高新技术行业里的重要性不比娱乐行业（幸好我不是娱乐圈里的人）。

从这个故事中，还可以学到一点。接下来，我将用一整节为你描述。

11.2 对于失败，见仁见智

罗德里格斯究竟算不算失败呢？从表面上看，他的确很失败。人近中年的他仍然默默无闻地居于社会中下层。在美国，他没有成为有名的歌手，但这与他做音乐的能力无关，而与种族歧视有关。

然而在南非，罗德里格斯的歌曲深受喜爱，并成为了反对种族歧视的颂歌。

在把 M-Systems 卖给闪迪公司之后的很长一段时间里，我都在品尝失败的苦味。我想让公司更上一层楼，而且有信心做到。然而，公司强劲的发展势头却突然被几个人的愚蠢、焦虑和贪婪所削弱（我不打算在本书中讲这个故事，因为它与企业家精神无关）。不过，我和埃利·哈拉里之间没有争执，他是我钦佩和欣赏的人，也是以色列高新技术产业最优秀、最有远见的实干家之一。虽然 M-Systems 以 16 亿美元的价格被闪迪收购，但我当时认为自己创业失败。现在想来，M-Systems 真的失败了吗？我从未听到任何一个了解 M-Systems 的人称它是失败的公司。随着时间的推移，我慢慢地接受了大家的观点：M-Systems 是一个相当不错的成功公司。

但对我而言，M-Systems 的成功并不在于它被高价收购，而在于它给世界带来了很多价值。收购的成功体现在，数百名员工的经济状况因此而获得大幅改善。但 Modu 如何呢？

毫无疑问，Modu 是彻头彻尾的失败。这家创业公司吸纳了 1.2 亿美元的投资，却没能取得骄人的成绩。我最担心的是，Modu 的失败会影响以色列的整个高新技术产业，因为投资人或许就此会对以色列创业公司慎之又慎。随着时间的推移，我的担心被证明毫无根据，甚至事实可能恰恰相反。投资实体意识到可以在以色列进行大量投资，有时卓有成效，有时则收效甚微。自 Modu 之后，还有许多富有远见、潜力巨大的以色列公司获得大量投资。

没错，我亏了投资人的钱。但没有一分钱来自养老基金，所有的投资人都是专业人士，他们清楚地知道，一定比例的亏损是合情合理的。他们的统计数据考虑到了我的损失。诚然，我没能如愿对投资人产生积极的影响，但是明智的投资人在遭受损失之后仍然选择继续资助 Modu。而且，Modu 的几乎每个投资方都获得了某种投资回报：风投基金当时可以利用 Modu 为新基金募资；高通公司从授权费中获得了一些资金，投资方身份也使其有权要求 Modu 使用某种过时的元件；伊丹·奥弗得以有权任命我为 Tower Semiconductor 公司的董事长，诸如此类。

但真正重要的回报是：Modu 是创意的温床。公司的理念是：**让我们做出新的发明，让我们做一款前所未有的手机，让我们把那些大公司踢得落花流水，我们无所畏惧！**这样的理念深深地影响了 Modu 的员工。据 *TheMarker* 杂志称，Modu 的前员工创立了 17 家公司。我还从其他人那里听说过更多这样的公司。这令我感到无比欣慰和自豪！

后来，谷歌公司购买了 Modu 的专利，并开始研发一款模块化手机。再后来，LG 也推出了一款模块化手机。如果它成功了，很少会有人将功劳归于 Modu 及其专利。但是，我和一些了解情况的人知道 Modu 所扮演的重要角色。即使我的名字没有被提到，即使我没能取得商业上的成功，但我所做的工作创造了价值，这种感觉也很好。

创业失败并不是灾难。我已经证明过，即使处处都做到极致，也不能保证成功。如果你选择带着自己的创业公司闯过 7 道坎，即使处处都做到极致，最终做成大事的概率也小于 4%。

一次失败并不能说明你从此就会一蹶不振，也不能说明你是愚蠢或无能之人。不要失去对自己的信心。从哪里跌倒，就从哪里爬起来，掸掸身上的灰尘，重新开始。

也许你会像我一样发现，多年前的失败并不是真正的失败。从那时的经历中，你获得了宝贵的经验，这将帮助你在以后的日子里取得成功。或许其他人采用了你当初的想法，并且取得了成绩。或许你的投资人从错误中吸取了教训，成为了更好的投资人。或许你写的歌正激励着远在世界另一端的人……

11.3　离成功仅有一步之遥

有时，你离成功仅有一步之遥。以下是我在 Comigo 的经历。

我了解到，在英国有一个有趣的机顶盒招标项目，Comigo 的机顶盒非常符合招标要求。新上任的销售副总裁约西已经差不多和招标公司谈妥了，这家公司的人很喜欢 Comigo 的产品。但这次招标的规模很大（对 Comigo 这个初来乍到的公司来说尤其如此），招标公司的首席执行官想与我面谈。

从伦敦出差回来后，约西对 Comigo 的中标胜券在握。他和我们的一位技术人员在伦敦向那家公司做了演示，并且双方就需要修改之处已经达成了一致意见。Comigo 的机顶盒是基于 Android 的系统，英国客户想让它运行 11 个应用程序。我们试着运行了一番，其中 6 个运行流畅，3 个出现运行问题（但我们知道原因，只需调整屏幕参数即可解决），剩余的两个能够运行，但需要遥控器适配英国的系统（这个问题轻而易举即可解决）。

一回到以色列，约西又动身和我一起前往英国会见那家公司的首席执行官。我问他是否要带一个机顶盒去展示。他说："不需要。这次主要是你和他们的首席执行官面谈。我带着上周用过的那个机顶盒呢！如果需要，我随时可以把它拿出来。"

面谈很顺利。针对那位首席执行官的疑问，我一一作答。不过，他说自己还没有亲眼见过我们的机顶盒，想看一看。

"当然可以！"

我们试着连接机顶盒和他办公室里的电视。但电视的接口很深，我们根本够不到。这可不是我们的错，那就去实验室吧。第一个实验室里人来人往，大家正在忙着做实验。幸好还有另一个实验室。

到了另一个实验室，约西再次尝试连接，但机顶盒没有反应，因为信号出了问题。我们使用的是这家公司的 Wi-Fi 信号，但似乎连接不畅……

我出了一身冷汗。Wi-Fi 信号不好，这可不是我们的错，那就用数据线吧。终于，机顶盒开始工作了。

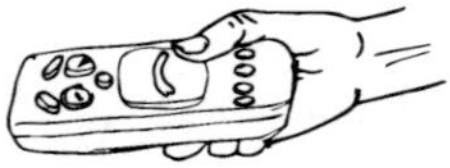

那位首席执行官找来遥控器说道："让我试试。"

他首先做的是从菜单中选择应用程序，但是……在该公司要求运行的 11 个应用程序中，我们的技术人员已经从这个机顶盒中删除了所有能正常运行的应用程序，因为它们不需要调整。因此，这位首席执行官只能看到剩余的 5 个有问题的应用程序。他试了试，第 1 个就不能用。第 2 个更糟糕，因为遥控器的问题还没有解决，界面看起来就像完全失控一般，他甚至无法退出应用程序……

结果可想而知：我们错失了良机。

记住，当看到机遇之门缓缓敞开时，不要忘我地一头冲上去，不要过早地盘算着如何庆祝胜利，不要在事情尚未敲定时就微笑着为你的团队盛上香槟酒。机遇之门或许会在完全开启之前突然关闭。**俗话说："拿到手的，才是你的。"今天，即使是拿到手的钱，也未必会是你的，因为你可能会发现钱是假的，或者给你钱的人反悔了。**

11.4 解决方案

有时，失败的原因是没有一个好名字。

有时，失败的原因是市场变幻莫测。

有时，失败的原因是管理层或创始人犯了大错。

有时，失败的原因是……**没有找到合适的解决方案。**

这听起来很愚蠢，但难道不是吗？来看一个例子。

我每周都会给朋友和员工发送“随聊”电子邮件。在其中一封邮件里，我编了一个谜语让大家猜。

假设有两个人站在你的面前。你必须给他们每人戴上一顶帽子：一人戴红帽子，另一人戴蓝帽子；也可以两人都戴红帽子，或者都戴蓝帽子。他们看不见自己头上的帽子，但能看到对方头上的帽子。一旦你把帽子戴在他们的头上，他们就必须同时喊出自己头上的帽子的颜色。只要有一人说对了，他们都会赢得奖品。

举例来说，他们都喊“红色”。如果此时他们头戴蓝帽子，则就输了。假设两人决定都说对方的帽子颜色，即戴红帽子的人说“蓝色”，戴蓝帽子的人说“红色”，这也不是好策略。如果换作你，该如何确保赢得奖品呢？

这个问题并不难。

然而，我没有收到任何答案。有些人竟然回信说，可以“证明”，这个问题没有答案。他们的解释是，每个人只能看到对方的帽子，但这一信息与自己的帽子颜色无关。有人还建议其中一人故意慢一拍，等到另一人说出颜色以后，自己再说出答案。这是作弊。显然，创业世界中的问题决不能通过作弊来解决。

那么，你的解决方案是什么呢？

究竟是否存在解决方案呢？

的确存在解决方案。

两人不一定都得说对颜色！只要一人说对即可。（永远记着仔细审题！）有 4 种可能的情况：蓝色/蓝色、红色/蓝色、蓝色/红色，以及红色/红色。事实上，只有两种情况：两顶帽子的颜色要么相同，要么不同。

解决方案如下：一人大声说出对方的帽子颜色，另一人则大声说出与对方帽子颜色相反的颜色。如果两顶帽子的颜色相同，那么其中一人是对的，另一人是错的；如果两顶帽子的颜色不同，其中一人也必定是对的。

请仔细想想。我说得对吧？

在遇到问题时，我们往往先入为主地认为没有解决方案。

当你在创业世界中遇到问题时，即便你“确信”没有解决办法，并且你的朋友也这么认为，你也要换换脑筋，告诉自己：“办法肯定是有的，我只是还没有找到而已。”也许，你只是还不够努力。

顺便说一句，对罗德里格斯来说，要解决他当初的困境，办法非常简单：改个名字即可。这种做法并不罕见，想想那个名叫罗伯特·艾伦·齐默尔曼的歌手，他后来变成了鲍勃·迪伦……（写本书的初稿时，我还不知道鲍勃·迪伦会在两年后获得诺贝尔文学奖。）

11.5 如何全身而退

至此，本书一直在讲如何开启机遇之门。我相信，你至少能找到另外 100 本讲创业的书，而且其中 90 本比我写得好。但是，我还没有找到一本教你如何从创业世界全身而退的书。

创业失败会令你痛苦和心碎。你的梦想、思考、承诺和以牺牲生活质量为代价而投入的时间统统化为乌有。但你除了放手，别无选择。

我试着寻找这样的例子：一家小公司正在开发某款应用程序，突然一家大公司免费发布了一款类似或几乎相同的应用程序，迫使小公司的开发人员放弃或改变方向。

还真让我找到了！这个例子就是 Waze。那群出色的开发人员十分努力，但某天早上醒来时，他们发现谷歌推出了免费的导航应用程序。那种感觉想想就可怕。毫无疑问，Waze 的开发人员在办公室里度过了许多长夜，但又能如何呢？他们该怎么办？关门大吉吗？

尽管绝望，但是 Waze 并没有倒闭，看看他们后来做得有多好！或许这不是一个好例子，但类似的公司不计其数。我自己关闭了 KeyView，它本来是一家开发智能键盘的公司。之所以选择关闭公司，是因为我发现自己的产品不够好，市场正在萎缩，而且所需的资金量太大。

如何对待自己的公司关门大吉呢？不要有压力，不要惊慌，不要指责……应该有尊严地全身而退。

关闭公司应该经过董事会和管理层的合伙人同意。这个决定非同小可，花时间和他们认真讨论。给他们机会说明你是错的，也给自己机会，因为这种讨论可能给你新的启发。

另外，一旦抽出时间，就尽快向投资人说明困境。或许，投资人也能提出新颖的观点，甚至会拿出一笔钱，资助你将已开发的产品卖给另一家公司，或者做新的尝试，又或者与竞争对手合并。投资人并不比你或你的董事聪明，但正如我之前所说，他们已经在创业世界里身经百战，经验远比你丰富。

如果董事会、管理层和投资人都同意你关闭公司的决定，你应该尽快告知员工。作为公司的一员，每位员工都有权知道你的决定。

认真决定关闭公司的时间，以便将相关费用支付给员工、供应商、房东等。如果最终还有剩余的钱，不妨咨询投资人如何处理。不要把剩余的钱作为管理层的奖金，而应该将钱返还给投资人。即使数目很少，投资人也会对你心存感激。

对你来说，正确关闭公司是一次考验。你会遇到一些令你恼火的人，一旦你宣布要关闭公司，他们就卷铺盖走人了，甚至不会归还笔记本计算机，也不会把该做完的工作做完。有些人会要求在公司关门前享受完带薪假期，或者要求获得奖金。我就遇到这样一位员工，他声称在为公司工作的 3 年里，自己没有休过一天假。但事实上，他每年都会在泰国、希腊和美国待上两周。与这些人打交道不是易事。

当然，你可以将关闭公司所涉及的一切事务交给他人处理，但这样做是不对的。你应该做好自己的工作。**一旦决定，就坚持做完。不要拖泥带水。**

你的一举一动，投资人都看在眼里，记在心里。如果处理不当，不止投资人会记住，其他人也会知道。这将对你再一次创业不利。如果处理得当，再一次创业时，你可以去找之前的投资人。对你的新公司而言，他们将是最佳的投资人人选。如果知道你会为公司倾尽全力，他们也会向你再次伸出援手。

一些企业家在成功之前经历了无数次尝试和失败。

莫里斯·卡恩就是一个例子。起初，他试图创办一家皮革手套厂，但失败了；然后，他试图开发一项防止盗车的专利，也失败了；再后来，他试图创办一家自行车制造厂，又失败了；最终，他创立了 Golden Pages。这家公司几经更名，先是 Orek International，后是 Amdocs。这家公司价值数十亿美元。今天，卡恩是以色列最富有的人之一，他在投资界和慈善界都非常活跃。

第 12 章

绝望与希望

12.1　绝望

商学院不会教你如何面对绝望。

在我看来，没有一家创业公司能够免于绝望。

在创业之初遇到以下情况时，难免会有绝望之心。

- 你意识到，除了自己和合伙人，没人对你的社交媒体创意有丝毫兴趣。
- 你花尽心思想争取到的投资人不再接你的电话。
- 你花了半年时间想说服某人成为公司的研发副总裁，到头来他却拒绝了你。
- 你以为即将与某位客户达成合作，到头来他却选择了你的竞争对手。

在创业之路上打拼一段时间后，以下情况仍会令你百般绝望。

- 你意识到，自己根本无法实现向投资人承诺的年销售额目标，甚至连一半也做不到。
- 竞争对手的产品比你的速度更快、功能更多、设计更好，并且价格更便宜。
- 被你解雇的前员工忽然要和你打官司，而你认为他的理由既不合理，也不道德，甚至对你不公平。你曾让他白白地在公司里多待了半年，因为你对他心存愧疚，并且竭尽所能地为他创造更多机会……

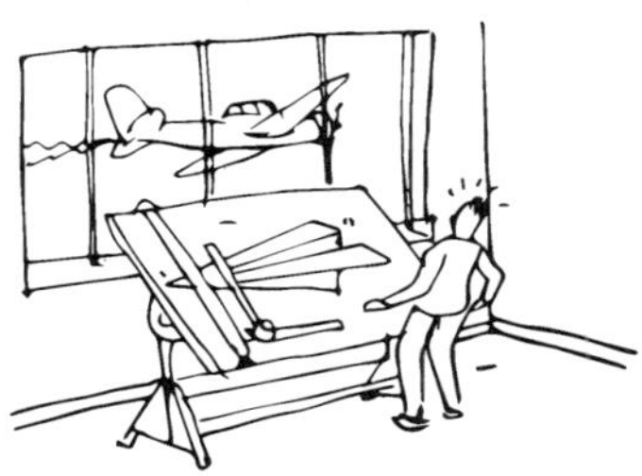

类似的情况还有很多。有时，你会觉得自己受够了。你牺牲了太多个人时间，没有多陪陪家人。你为公司呕心沥血，不计较任何回报。你会问自己："真的值得吗？"（对于这个问题，我自己也没有答案。）

每当出现绝望之心时，都应该考虑寻找一个合伙人。他能够为你排忧解难。对你和合伙人来说，其中任何一人崩溃时，另一人都会自动承担起激励者的角色。

"忘记那个笨蛋吧！我们一定会打赢官司的。"

"那些笨蛋中标了，很好。你就等着瞧吧，看那个糟糕的客户怎么消磨他们的时间。当项目延期时，我估计他们连吃了自己的心都有！"

事实上，企业家常常选择独自面对困难时刻。你之所以没有告诉合伙人，是因为不想让他绝望。在那些时刻，似乎整个世界都在与你作对，成功的希望渺茫。你会后悔："为什么我要创业？我拖累了合伙人、员工和投资人。我到底在想什么？"

我没有治疗绝望的药，但或许可以给出建议：当你深夜独自一人在办公室里面对绝望时，为自己唱首歌。选择适合你的歌曲。我选的歌来自拉比纳赫曼，那是他在200多年前写的。那时，犹太人的处境非常糟糕，拉比纳赫曼和他的家人遭受了很大的痛苦。

歌词很简单：

整个世界是一座窄窄的桥
窄窄的桥，窄窄的桥
勇往直前最重要

你可以选择任何能激励你的歌曲。

如果你不熟悉歌词，就上网找一找，跟着唱一唱。一边唱，一边敲打桌子，然后再唱一遍，用两只拳头敲打桌子。如果你绝望至极，可以试试跳上桌子，大声歌唱（我自己还没有试过这样做）。

绝望之心在所难免。你必须知道这一点，并且深知自己能够快速克服。

12.2　世界末日？

“我很绝望，如临世界末日。”你是否不止一次有过这种感觉？

失恋、考试失利、错过重要的班车、自己一手创办的公司面临倒闭……我记得许多类似的绝望时刻。

我记得自己 18 岁时在戈兰高地服兵役。当时，以色列国防军经历了一场恶战，元气大伤。部队急缺能够驾驶坦克的士兵（被炮弹击中后，坦克经过维修便能继续使用，士兵却无法死而复生）。尽管我缺乏实战经验，但是仍然被派去接受为期 5 个月的装甲兵军官培训。我不想去，我哪能驾驶坦克啊？况且，我还是学生，只想尽快服完兵役并继续自己的学业。如果我选择戎马一生而不去做学问，我的母亲定会痛苦万分。那位选中我的指挥官不明白我为什么对他的决定不满意。我记得他告诉我，服役不到一年就成为装甲兵军官，并且未满 19 岁，我即将创造纪录。然而，在我看来，做装甲兵军官只会耽误我的学业。我试着寻找出路，但没能成功：连长不同意，团长根本不见我。他们以为我想逃避神圣的职责……我很绝望，感觉世界末日就要到了。混乱是当时的常态，在我所在连驻扎的地区尤其如此。机缘巧合之下，我被调到了另一个团。（实际上，我是被那个团的某个连长“抢”去的，因为他急缺坦克兵。）在这个团里的 4 个月对我的人生产生了深远的影响，我在这段时间里的成长速度比其他任何时期都要快。如果我去参加了那个装甲兵军官培训，会如何呢？或许并没有想象的那么糟糕。我的 3 位同班同学被派去接受培训，但最终都没有完成课程，因为从以色列国防军的管理部门来了人，我的同学只好回到学校继续完成学业。瞧，世界末日并没有到来。

我还能记起自己当年的一个心上人。我认为自己很爱她，但她显然不像我爱她那般爱我。我们一同在以色列理工学院度过了两年，之后她就离开了学校，也离开了我。这件事对我的打击很大，我在宿舍里躺了半个学期，没有去上课，也无心学习。我几乎不吃不喝，对所有事情都失去了兴趣，只是幻想着她回到我身边。对我来说，她就是一切，而一切都结束了。半个学期后，我缓了过来。我逐渐地捡起落下的功课，并且学会了如何超级高效地学习。最后，即便仍然对她心存幻想，但我仍以平均分超过 90 分的成绩毕了业。后来，对她的感情逐渐淡去，我找到了真爱——我唯一深爱的妻子。

我记得那糟糕的一天，美国律师强制要求 M-Systems 暂停发行证券（我们原计划募集 4 亿美元），因为他们“发现期权的分配程序有问题”。这导致 M-Systems 的股价暴跌：一天跌了 7 美元，相当于损失了约 3 亿美元。当时，我惶恐地想象着这一事件会如何毁掉公司——铺天盖地的负面报道（实际上并没有）、遭集体诉讼、客户退出……结果如何呢？我以为无法翻越的高山只不过是小丘。在与律师斗争了足足两个月之后，M-Systems 被闪迪公司成功收购。我离开了董事会，因为无法忍受那些在我眼前做荒唐事的人。对 M-Systems 来说，这或许算是末日（也或许不算，因为还有闪迪），但在那一刻，一个新的世界诞生了。

至于 Modu 的倒闭，也很糟糕……事后，我一连几夜没有合眼，满脑子都是自己犯过的错误，以及本该做却没有做的事。每天夜晚，我都在翻来覆去地想着 Modu 之事，久久不能释怀。我一直想着自己给以色列高新技术产业带来的重击，对那些选择与我共同奋斗的员工深感愧疚，也认为自己辜负了一路陪伴我、信任我、支持我的投资人。

无论如何，我最终走出了困境。如今，我过得很充实，也追逐着许多梦想。要做的工作很多，能做的贡献也很多。或许，人们不再相信我能做到事事成功，但我在许多领域仍有用武之地，甚至很多人比以往更乐于与我共事。

世界依然美好。

因此，即使你的心上人离开了，即使你考试不及格，即使你一手创办的公司失败了，即使你错过了班车，都没有关系。世界充满机遇。每一次失败都是人生中的一课，每一个结局都伴随新的开始，未来与过去同样美好。

每天清晨都是新的开始，机遇无处不在。你只需大胆创造、行善积德、笑对人生。

12.3　希望

绝望总是伴随着希望。

有时，绝望会让我们有新的思路，甚至萌生新的产品创意——或是全新的产品，或是基于已有产品可做的衍生品。在绝望之境，若隐若现的机遇之门会变得清晰。

我的好朋友诺姆·凯德姆因为我离开故乡（我对此感到很内疚），并在美国加利福尼亚州定居。来翁根时，我收到他送给我的一本 Kindle 电子书，那是由阿伦·瓦兹所著的《心之道：致焦虑的年代》。原版书名叫作 *The Wisdom of Insecurity*，意即“不安全感的智慧”。我很喜欢这个书名，它比“群众的智慧”这句老话更有力，也更真实。不过，我无法在翁根下载这本书。亚马逊方面表示，尽管它确实是一份礼物，但在美国以外的地方无法兑现。无所谓啦！我对这个书名深有感触，或许自己可以就这个话题写一本书。

请容我再次强调：**在你看不见的地方，正有一扇机遇之门等待你去开启。你只需相信自己，不断寻找，就一定能发现它。**

在 M-Systems 时，我多次发现自己不仅处于绝望之中，而且绝望至极。我记得 18 年前，我在美国某机场的一个公用电话亭里打电话给远在以色列的达娜。当时，达娜是 M-Systems 的首席财务官。我们没有手机，因为手机在当时还没有问世。达娜说：“你回来是件好事，因为我们又把数字过了一遍，发现情况比想象的还要糟。如果没有收到你去美国见的那个客户的订单，我们到下个季度就没钱了。”然而，我当时深知，那个客户不会给订单。

虽然公司已经上市，但是迫于无奈，我们决定尝试寻找私人投资。Ampal 和 Giza 是我们找到的两家潜在投资公司。与它们达成协议花了一个季度的时间，与此同时，M-Systems 的资金储备即将耗尽。正当我们准备关门大吉之时，Giza 的泽埃夫 · 霍尔兹曼终于有了消息。（如今，泽埃夫是我的好朋友，但那时我真的恨他。）他说自己经过再三考虑，决定不在这一轮投资，除非他能拿到多一倍的期权份额。我确信他这是企图在最后一刻敲诈，于是拒绝了他。他说了声“行吧”，然后就离开了。达娜说：“别担心，他会回来的。”但他没有回来。那天晚上，我们一直在办公室里等电话。泽埃夫没有打来电话。我几乎能听到达娜的心声：“你为什么说不？！”那是多么令人绝望的时刻啊！

次日早晨，我设法与 Ampal 的负责人取得了联系，他是一位慈祥的老人。我把前一天的事情告诉了他。他说道：“泽埃夫真是不明事理。你知道吗？虽然 Ampal 本不应该主导这一轮投资，但现在我决定带头加入。”两天后，泽埃夫也加入了。事实证明，这次投资对 Giza 非常有利。

类似的绝望时刻有太多、太多。每一家公司在其发展的每一个阶段，都一定会碰到这样的事情。

回望曾经的那些绝望时刻，我意识到，虽然当初认为举步维艰，但其实仍有余地。办法总会有的，问题是我不够聪慧或不够灵活。比如，可以大幅缩减开支并精简团队，以带领公司朝一个新的方向前进；也可以放弃开发当时的产品，转而开发新的产品；甚至可以别那么好高骛远（如果当时我意识到这一点，Modu 就不会倒闭）。

可以肯定的是，总能找到解决方法。如果没有找到，说明还不够努力！也许，你需要暂时离开创业世界一段时间。等有了新的想法、新的团队，或者新的计划，便可东山再起。

无论如何，请永远不要失去希望。

第 13 章

再见，翁根

另辟蹊径

写到这里，我已经在翁根待了 27 天。在这段日子里，我每天都会徒步。今天是最后一次徒步了，因为明天一早，我就要登上回程的航班。

我给自己的翁根之行总结如下。

- 我每天徒步至少 90 分钟。算下来，我一共徒步了约 50 个小时。以平均速度 5 千米/小时计算，我一共走了约 250 千米。还不错。
- 我回复了超过 1000 封电子邮件，查阅的则更多。
- 我的手机报废了。
- 我的笔记本计算机一度出现问题，但 Prodigy 公司的小伙子远程帮我解决了问题。谢谢他们！顺便说一句，Prodigy 公司的联合创始人是从 M-Systems 走出去的。
- 除了周六和周日，我在其余每天都会去超市购物。算下来，总共去了 20 次，花费 400 瑞士法郎，还不到 410 美元。所购物品包括餐盒和一个小火炉。
- 我吃了一回炸薯条，喝了无糖可乐。
- 虽然身边没有体重秤，但我估计自己减了两三千克。
- 有一次，雪连续下了 3 天。还有一次，雨下了两三天。其余时间，天气都很棒，时而多云，时而晴朗。在这样的天气里，徒步简直就是享受。
- 我带来 8 本书，但一本也没有读完。
- 不过，我写完了一本书。

今天天晴，虽然室外温度只有3℃，但晴日当空，我感觉比前些日子都暖和。在刚到翁根的第2天和第3天，我徒步去了门德尔松路。那里的景色令我意犹未尽，我不禁对它有点想念。明早就要和这里说再见了，若今日不去，更待何时？这样一想，我便立即动身了。

若从翁根出发向南往门德尔松路走，共有上中下3条路。我误选了中间那条路，但没有回头，因为我坚信前方会有通往下方那条路的小径。找了很久，我才远远地望见一条向下延伸的崎岖小路。于是，我先翻过一道篱笆，再穿过一个堆满牛粪的牧场，最后终于走上了这条从未走过的新路。往前走了几十米后，我沿着这条小路下了坡。路旁是潺潺溪流，前方是茂密的树林，风景美不胜收。

有时，必须偏离主路，才能发现新的美景。有时，必须犯错，才能走到目的地。

我继续沿着小路往山下走，途中遇到多处岔路口。我要去往树林的方向，但差点儿拐错了弯。上一次来这里时，我发现一块路标，其上清楚地指明了该走哪个方向。但这一次，我发现旧路标被胶带蒙上了，一块新的标志牌赫然写着“禁止入内”。

尽管在高新技术领域颇有创新和突破，但现实生活中的我并不热衷于冒险。在翁根附近徒步时，我从来没有走过任何标有“危险”的路，也几乎从来没有走过野路。但如前所述，这次徒步是我看到那个美景的最后机会。所以，我决定一路向前。很快，我就明白了为什么会有那块“禁止入内”的标志牌：这条路的好几段被水淹了。我应该转头往回走吗？不，我决定赌一把。于是，我爬上斜坡，避开水坑，绕了一小圈才回到小路上。突然，我看见前方大约7米远有一头巨大的牡鹿。我看着它，它也看着我。我们就站在原地，彼此凝视了约5分钟。还好，什么也没有发生。后来，我回到小路上，继续往前走，但心里默念，希望那头牡鹿不要突然向我冲过来。

后来，我终于安全地到达了目的地。真是风光无限好啊！

有时，即使新路标有“禁止入内”，也必须勇敢地探索一番。或许，那些曾经一度消失的路，会再次出现。

有时，需要允许自己偏离主路，另辟蹊径。

我所说的“另辟蹊径”并不限于创立公司或发明产品。

你可以对着街上的陌生人笑一笑。你的微笑会让这位陌生人更快乐，或许他会因此更冷静地对待工作，他的老板会因此做出正确的决定，这个决定会使公司朝着某个方向良性发展……多亏了你的微笑，好事接踵而至。

你可以找到自己一直敬畏的同事，勇敢地与他攀谈。

你可以为爱人买一束鲜花，就像多年前那样。

你可以找到老板，和他谈谈自己的工作状态，让他知道你渴望做更有意义的工作。

你可以将公司正在做的创新写成一篇文章并在互联网上分享。

你可以开始新的科学研究，或进入新的领域学习。

当然，你也可以如我一样，独自来到翁根，待上一段时间，梳理自己的思路，写就一本书。

上述所有做法，都是企业家精神的体现。

每一天，每一分，每一秒，我们都能够在现实世界或精神世界里有所创新。这样的创新，或大或小，都是企业家精神的体现。

在翁根最后写下的这些句子或许是我此行最大的感悟。

至此，本书该告一段落了。它对我来说不是终点，而是人生路上的里程碑。我的人生故事，未完待续。

我在寻找一扇门，它不是出口，而是入口。

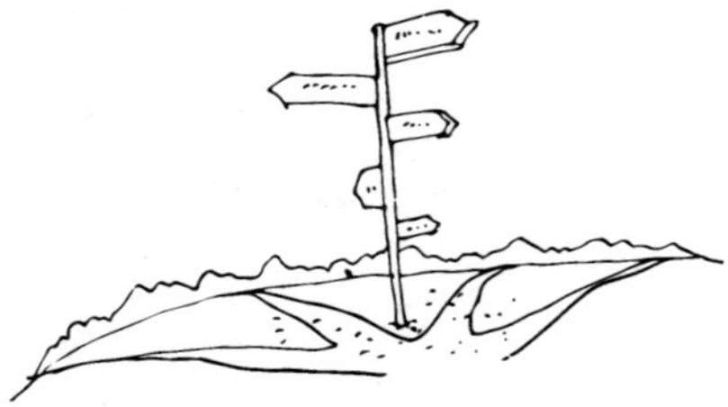

欢迎加入

图灵社区 iTuring.cn

——最前沿的IT类电子书发售平台

电子出版的时代已经来临。在许多出版界同行还在犹豫彷徨的时候，图灵社区已经采取实际行动拥抱这个出版业巨变。作为国内第一家发售电子图书的IT类出版商，图灵社区目前为读者提供两种DRM-free的阅读体验：在线阅读和PDF。

相比纸质书，电子书具有许多明显的优势。它不仅发布快，更新容易，而且尽可能采用了彩色图片（即使有的书纸质版是黑白印刷的）。读者还可以方便地进行搜索、剪贴、复制和打印。

图灵社区进一步把传统出版流程与电子书出版业务紧密结合，目前已实现作译者网上交稿、编辑网上审稿、按章发布的电子出版模式。这种新的出版模式，我们称之为“敏捷出版”，它可以让读者以较快的速度了解到国外最新技术图书的内容，弥补以往翻译版技术书“出版即过时”的缺憾。同时，敏捷出版使得作、译、编、读的交流更为方便，可以提前消灭书稿中的错误，最大程度地保证图书出版的质量。

优惠提示：现在购买电子书，读者将获赠书款20%的社区银子，可用于兑换纸质样书。

——最方便的开放出版平台

图灵社区向读者开放在线写作功能，协助你实现自出版和开源出版的梦想。利用“合集”功能，你就能联合二三好友共同创作一部技术参考书，以免费或收费的形式提供给读者。（收费形式须经过图灵社区立项评审。）这极大地降低了出版的门槛。只要你有写作的意愿，图灵社区就能帮助你实现这个梦想。成熟的书稿，有机会入选出版计划，同时出版纸质书。

图灵社区引进出版的外文图书，都将在立项后马上在社区公布。如果你有意翻译哪本图书，欢迎你来社区申请。只要你通过试译的考验，即可签约成为图灵的译者。当然，要想成功地完成一本书的翻译工作，是需要有坚强的毅力的。

——最直接的读者交流平台

在图灵社区，你可以十分方便地写作文章、提交勘误、发表评论，以各种方式与作译者、编辑人员和其他读者进行交流互动。提交勘误还能够获赠社区银子。

你可以积极参与社区经常开展的访谈、乐译、评选等多种活动，赢取积分和银子，积累个人声望。

图灵教育

站在巨人的肩上

Standing on the Shoulders of Giants

图灵教育

站在巨人的肩上

Standing on the Shoulders of Giants